像大师一样
打高尔夫

像大师一样
打高尔夫

50位世界顶级高尔夫球大师秘籍传授

（英）爱德华·克雷格 著 杨雪 译

辽宁科学技术出版社

沈 阳

First published in 2007
Under the title Play Like Pro
by Hamlyn, an imprint of Octopus Publishing
Group Ltd.
2-4 Heron Quays, Docklands, London E14 4JP

图书在版编目（CIP）数据

像大师一样打高尔夫／（英）爱德华·克雷格（Craig, E.）著；杨雪译.—沈阳：辽宁科学技术出版社，2008.9
ISBN 978-7-5381-5487-0

Ⅰ.像… Ⅱ.①爱…②杨… Ⅲ.高尔夫球运动-运动技术 Ⅳ.G849.319

中国版本图书馆CIP数据核字（2008）第075283号

出版发行：辽宁科学技术出版社
　　　　　（地址：沈阳市和平区十一纬路29号　邮编：110003）
印　刷　者：恒美印务（番禺南沙）有限公司
经　销　者：各地新华书店
幅面尺寸：195mm×260mm
印　　张：8
字　　数：180千字
印　　数：1-5000
出版时间：2008年9月第1版
印刷时间：2008年9月第1次印刷
责任编辑：风之舞
封面设计：张　丹
版式设计：袁　舒
责任校对：周　文

书　　号：ISBN 978-7-5381-5487-0
定　　价：68.00元
联系电话：024-23284360
邮购热线：024-23284502
E-mail：lkdwhz@mail.lnpgc.com.cn
http://www.lnkj.com.cn

目录

介绍 ·· 7

装备 ·· 8

在发球区 ·· 22

在球道 ·· 52

击球 ·· 68

果岭附近 ·· 74

在练习场 ·· 110

介绍

泰格·伍兹（Tiger Woods）能使从365米（400码）远处击出的球沿着球道中央滑动，而塞尔吉奥·加西亚（Sergio Garcia）能使球从果岭传入并在接近球洞时才落地，当多数高尔夫球迷观看到这些精彩瞬间时，他们不禁会好奇这些优秀的球员是怎样打出如此出神入画的进球的。实际上，并不存在所谓的神奇之手。这些职业球员之所以优秀是因为他们掌握了完美的技巧，经过了艰苦的练习，并拥有超出常人的天赋。

本书将会带领你进入世界顶级高尔夫球员的世界，既包括战绩显赫的老将，也包括正叱咤风云的干将。它有助于你通过学习他们的长处，聆听他们的心声来吸取他们的知识，从而进一步了解这些顶级职业球员。本书从顶级球员的角度来剖析高尔夫运动的每个侧面，从击球入球洞区的技巧到解析对手的妙计，讲解细致全面，有助于你提高自身的球技，并采纳一些行之有效的建议。

本书将带你进行一次奇妙之旅，去了解高尔夫传奇人物，搜集他们的杰作，探索他们的思维，然后呈现出你能从中学到的知识。因为我已经了解到一些非常出色并对高尔夫的每个不同击球拥有其自己独特方法的职业球员。比方说菲尔·米克尔森（Phil Mickelson），就是因为其高球打法而著称。再有鲍比·琼斯（Bobby Jones），他发明了现代高尔夫装备，并开创了在奥古斯塔球场举行的美国大师赛，在书中你会领略到他的创新是如何巧妙地应用于你自身的运动中的。

每一个高尔夫球员都想像老虎伍兹那样从3米（10英尺）远处击球入洞，通过阅读本书，你可以从中得到一些建议和提示，它会在你的成功之路上祝你一臂之力。对于球员的介绍则会使你倾心于他们的成就和最显赫的功绩，使你全面的了解场上和场外的他们。同时，书中还提及了那些在高尔夫运动的发展中做出突出贡献的人物，并对其主要性格特征进行了介绍。

本书分为几个不同的章节，从讲解装备开始——因为没有球杆就无法从事运动。其他的章节主要涉猎了高尔夫的打法，包括在发球区，在球道，最后谈到在果岭及其周围。另外，有的章节还谈到了击球和最佳训练的方法。而对于每位球员的介绍则是从其历史开始，以及他或她为什么会与此项运动的某一领域相关。其中这些球员提出的建议更是无价之宝——他们当然知道哪些是可贵的建议，因为他们始终面对着这一赛场而且获得过不计其数的胜利。你可以从各具特色的职业运动员身上获取渐进性的建议、训练方法和忠告，同时，那些专业的建议会帮助并且不断地鼓励你。

本书的初衷在于提高你的高尔夫球技，但同时它又提供给你一个了解此项目历史的机会。高尔夫运动是怎样形成的，那些优秀的人物又是如何推动了此运动的发展和进步的，这些都将在本书中向你一一展现。对于高尔夫运动的全面了解是提高球技最快捷的方式，还等什么，快来读吧！

爱德华·克雷格（Edward Craig）

正确装备的重要性

鲍比·琼斯（Bobby Jones）在高尔夫运动的发展中留下了三个传奇轶事。其中最著名的是他与艾利斯特·麦肯兹（Alister MacKenzie）合作设计了奥古斯塔球场，从而在那儿奠基了每年一度的美国大师赛——它是世界知名高尔夫四大赛事之一。而鲜为人知的是鲍比·琼斯同时还是现代高尔夫装备和其大众行销之父。他与斯伯丁高尔夫球杆制造商一同工作，并帮助其设计了第一套统一的球杆。这种球杆虽是机器生产的，但却保留了手工制作的手感。

Bobby Jones
鲍比·琼斯

国籍： 美国
生于： 1902年3月17日
卒于： 1971年12月18日
辉煌战绩：
英国公开赛冠军　1926、1927、1930
美国公开赛冠军　1923、1926、1929、1939

鲍比·琼斯是20世纪20年代的的体坛巨匠。他共捧得13座大满贯奖杯（当时美国和英国的业余赛也算在大满贯赛内），他是唯一一位在一年内（1930年）完成了英国公开赛、美国公开赛、业余锦标赛和美国业余锦标赛大满贯的选手。28岁时他宣布退出高尔夫竞技舞台，潜心研究法律。1916年，年仅14岁的鲍比·琼斯成为取得美国业余锦标赛参赛资格中最年轻的运动员。1921年，他远渡重洋到英国参加业余巡回赛和公开赛。参加高尔夫公开赛期间，鲍比·琼斯在圣安德鲁斯这一老球场上显得脾气暴躁，这多少影响了他的公众形象。但是，在1923年举办的美国公开赛决赛中他击败波比·克鲁克杉克（Bobby Cruickshank），又赢回了名誉，并最终赢得了英国民众的尊重。

了解现代球杆的诞生

出于对现代高尔夫装备的热衷，琼斯先后摒弃了200多种方案才最终找到合适的高尔夫球杆设计。它是钢制的杆身，更主要的是，每个球杆都有自己的数字，而不是老式的苏格兰名字。你需要找到合适的杆身并了解每个球杆是如何操作的，这会使你的高尔夫打得大有长进。

使用现代球杆

琼斯的批量生产和钢制杆身的模式正是现代球杆的前身，它使得这项运动更加便捷。虽然其他人也推动了此项设计的发展，但所有的改进都源自于琼斯的最初版本。还在孤注一掷地使用祖父传下来的老式球杆吗？快来体验一下现代的新设计吧。

钢的力量

球杆的一个重大变化就是其从山核桃木制杆身到钢制杆身的演变。山核桃木既不稳定、可靠性又差，因为同样的挥杆可能会使球的飞行方向完全不同，从而将球击到不同的方向。钢制的杆身则较为稳定，唯一不同的是球杆末端持杆的人。

推杆的演变

下一项重大突破就应该是Ping推杆的发明了。它是一种能够更加自如地平衡推杆头部的设计，能使得在快速果岭处推杆变得更加容易，而且无须借助手腕的力量。现在存在着很多种不同的设计——而这种推杆为一些可能的设计开辟了一扇新的大门。

球的改进

球的尺寸发生了改变，球身加上了微凹，球的材质也进行了改进，以加强杆面的球感，在增加球飞行距离的同时又减少了右曲球和左曲球现象的发生。这些改进对业余选手很有利。所以一定要选择一个现代的高尔夫球，选择一款最适合你运动的球（见10~11页）。

选择
合适的球

托马斯·比约恩（Thomas Bjorn）是典型的高水平职业选手。他的赞助协议不但使他赚得了大笔钱财，而且使他能够使用最好的装备来打球。2001年，他曾说他所使用的市杆和球带给了他超越其他球员的优势。他的话在同年的晚些时间得以验证。因为他在迪拜沙漠精英赛这一重大比赛中击败了泰格·伍兹，并且与老虎打完了所有的72个洞。

Thomas Bjorn
托马斯·比约恩

国籍： 丹麦
生于： 1971年2月18日
辉煌战绩：
英国公开赛亚军
2000、2003
美国职业高尔夫球锦标赛亚军　2005
莱德杯高尔夫球赛　1997、2002

1996年他从挑战巡回赛毕业（8次获胜），并且作为第一位丹麦球手参加了两届"莱德杯"比赛。此后，他便成为了欧洲杯的常客，并离四大赛事的冠军越来越近。托马斯最大的遗憾就是痛失2003年在圣乔治皇家球场举行的英国公开赛的冠军。最后一局时他在还有3洞要打的时候，还处于领先位置，可惜后来输给了名不见经传的美国选手本·柯蒂斯（Ben Curtis），只取得了第二名的成绩，很遗憾地与职业生涯中首个大满贯擦肩而过。这次失败使他遭受了巨大的打击，经过18个月的修整才恢复元气。从那之后，托马斯一直沉浸在美国职业高尔夫协会巡回赛的一些胜利中，并在欧洲赛中重振旗鼓。

如何选择高尔夫球

现代的球员击球距离如此之远与使用大头木杆不无关系，因为它有助于保持杆身的整体一致性，但更主要的原因在于制球技术的提高。许多球员，比如托马斯·比约恩，都是花费了大量时间为他们的比赛挑选最好的高尔夫球，并承认精良的高尔夫球赋予了他们一定的优势。不同的球适合不同的球员，也适用于不同的情形。

球员和高尔夫球

不同的高尔夫球适用于不同球员及不同情形。比约恩使用的是专为强力击打型选手设计的高尔夫球。但这对于你来说也许并不理想，而且也很昂贵。专业球员使用软式的、转速低的球，这种球能飞得又远又高、落地轻柔。而且专业选手在使用这种高科技产品时是有一定技巧的。

最适合的才是最好的

如果你是一位业余爱好者，那就购买一些便宜的球。这样的球不但飞得远，而且即使击球失误也无大碍。稍硬的球更富弹性，业余球手在使球飞行更远的同时，也不乏击球的快感。

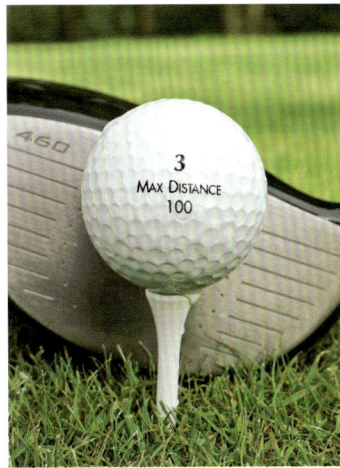

低廉的硬球

初学者适合选用价格低廉的硬球。它的滚动和飞行距离比昂贵的球更远一些，但随着球技的提高，你会发现其更难掌控。在打球时难免会弄丢，如果你使用的是价格昂贵的球，就不要过于用力挥杆击球，以免丢失爱球。

选择合适的天气

选择高尔夫球参加一场比赛时，要考虑场地的情况和天气状况。如果你在潮湿或寒冷的天气情况下进行高尔夫运动，球就不会像在温和的气候下飞行得那么远，而且容易粘在潮湿的果岭上。

> **专家提示**
>
> 要学会使用现代的球杆和球，并接受技术上的改进。对于业余球手来说，制球技术的提高正在使打球变得更加容易和有趣。不要使用旧式的球杆和球，因为它们会使你的球打得更糟糕。

球道木杆 和援救杆

在21世纪之交，女子高尔夫运动一直掌控在一个人手中——凯莉·韦珀（Karrie Webb）。由于从发球区到果岭区都具备良好掌控的进攻性，她已经赢得了高尔夫四大赛事的大满贯以及无数的高尔夫锦标赛，并且被载入了名人堂。不可否认，对高尔夫设备的充分应用是凯莉成功必不可少的原因，球道木杆和援救杆的改进给了她极大的帮助。同时，这种球杆相对于其他技术改进而言则更适合业余球员。

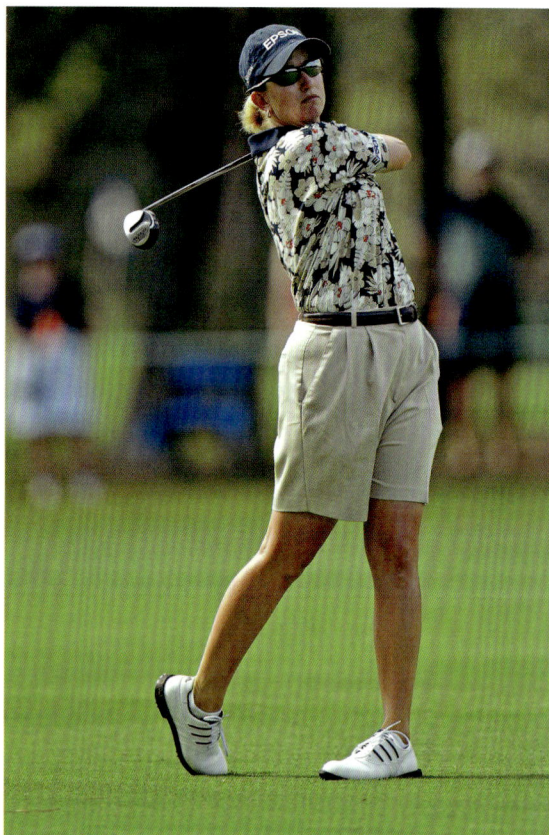

Karrie Webb

凯莉·韦珀

国籍：澳大利亚
生于：1974年12月21日
辉煌战绩：
维它比克斯女子英国公开赛冠军　2002
美国女子公开赛冠军　2000、2001
麦当劳女子职业高尔夫锦标赛冠军　2001
纳贝斯克锦标赛冠军　2000
du Maurier精英赛冠军　1999

凯莉·韦珀在年轻时便获得了所有女子大赛的荣誉。1996年女子职业高尔夫锦标赛中，新人韦珀风光无限，赢得了四场比赛，成为女子职业高尔夫锦标赛历史上首位在同一赛季奖金总额超过100万美元的球员。自从那时起，凯莉便一发不可收拾。她共获得了30个女子职业高尔夫锦标赛的冠军，其中包括六个大满贯，成为赢得女子四项大满贯中最年轻的一位球员。

凯莉深受人们的喜爱，同年三次被提名为昆士兰女运动员，并且被选为2000年悉尼奥运会的火炬手。2001年，她甚至与安妮卡·索伦丝坦（Annika Sorenstam）在表演赛"大角之战"中共同迎战大卫·杜瓦尔（David Duval）和泰格·伍兹（Tiger Woods）——当时，世界男子高尔夫排名前两位的选手。

从球道处击球时应如何选杆

从球道处将球击到适当距离并非易事。这需要精湛的球技、适当的球位、合适的击球点以及精良的装备。现如今所有的职业高尔夫球员，比如凯莉·韦珀，背包里都装有球道木杆，更可能的是援救杆。这些球杆对于女球员和业余球员来说更为重要。

旧式方法

以前人们在球道处进行远距离击球时采用的是1号杆头或2号杆头—— 一种极薄的金属，其宽容度低、击球困难。如今，我们不再需要使用超过5号的杆头了。

其他简易方法

球道木杆的击球距离不但比1号杆更远，而且可以代替其他更长的铁杆。使用这种球杆会使击球更容易。嵌于底部的金属和加大的甜蜜点（有效击球范围）增加了击球的准确性。凯莉以及多数其他职业女球员都至少拥有三套球道木杆。

现行方法

援救杆是高尔夫球员的新选择。它是一个球道木杆和长铁杆的混合物，所以头部既不像球道木杆那么大，也不像长铁杆那么小。它是一种应对困难球位绝好的球杆。该设计有助于从球的底部发球，而不会受到地面或草坪的阻碍。

一场赌博

在球道以外的地方使用1号木杆就像一场赌博。选用这种球杆需要娴熟的使用技巧、稳定的挥杆和击球。如果业余球员能够将球完全击至空中，他们就可能用它来进行切击球（球顺时针旋转产生由左飞向右的弯曲飞行）。只要使用方法得当，木杆应是你的极佳选择。

专家提示

援救杆功能多种多样，既可用于185米（200码）之外的距离，又适用于起扑球。无论你俯身打低飞球还是振臂挥杆，其杆头都能在溅起青草的同时猛力击于球后，从而完成一记干净利落的击球。通过使用援救杆来应对果岭附近这些难缠的球位吧。

球道木杆和援救杆　　13

1号木杆的选择

莉莎洛特·纽曼（Liselotte Neumann）是瑞典最著名的高尔夫球员之一。她的职业生涯始于20世纪80年代的女子欧洲高尔夫巡回赛。其后，她又转战美国女子职业高尔夫协会锦标赛。目前，她仍然在为个人的最好纪录而不懈努力着。当然，不可否认的是现代化的装备对她起了很大的帮助作用，因为对于高尔夫球员来说，没有什么比现代市杆更有用了。

Liselotte Neumann

莉莎洛特·纽曼

国籍：瑞典
生于：1966年5月20日
辉煌战绩：
美国女子高尔夫公开赛冠军　1988
索尔海姆杯高尔夫球　1990、1992、1994、1996、1998、2000

莉莎洛特·纽曼在近20年已经成为了欧洲高坛的领军人物。她赢得了世界上所有锦标赛的冠军——个人和团体赛。在成功结束了业余选手生涯后，莉莎洛特19岁时转为职业球员，在欧洲女子高尔夫巡回赛上获得4次冠军，并于1998年参加美国女子职业高尔夫协会锦标赛。她事业中最辉煌的时刻就是年仅22岁时，在美国巡回赛的第一年就赢得了美国女子公开锦标赛冠军。同时她也参加了索尔海姆杯的六场比赛，并且帮助此赛事演变成了如今的3天赛程。如果没有像莉莎洛特这样球员的支持，欧洲女子高尔夫巡回赛可能已经不复存在了。莉莎洛特现在定居于加利福尼亚，在那里过着半训练半休闲的生活。在为参加巡回赛而刻苦训练的同时她还支持慈善事业，偶尔也会轻松下来休息一下。

如何找到合适的1号木杆

与男子职业高尔夫比赛相比，女子职业比赛更接近业余球员打球，因为女子职业球员击球方向基本相同，而且与业余球员使用的装备也很相似。对于像莉莎洛特·纽曼这样的女球员来说，直到卡拉威（Callaway）发行了第一个大头木杆之后，1号木杆才比从前有所增大。

木杆的革新

当莉莎洛特开始打高尔夫球时，还只有木头或柿木的1号木杆存在。这种球杆虽然做工精致但是要比现代球杆的体积小很多，所以击球困难。金属头木杆和钛钢杆头的出现使得发球更加容易。

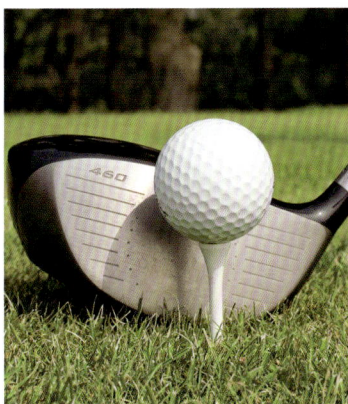

充分发挥球技

只要挥杆得当，现代的木杆更易于使用。这些木杆外形大：极大的杆头，宽大的杆面，加大的甜蜜点，更便于降低击球失误率。但是，如果球梯太低的话，就要求你充分发挥自身球技了。

高球梯，高飞球

找出一个加长的球梯，并且要使用整个杆面击球，因为新型木杆的设计在于以轻微的旋转将球击入高空至几米远。这种深杆面击球效果好，能将球直接向上击入高空。

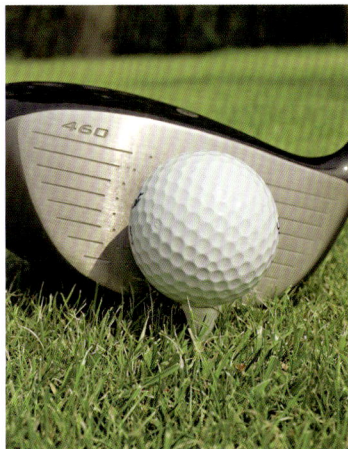

找到最好的杆身

球杆的优良材质和每次稳定的挥杆，加之现代杆身加固了击球的连贯性，使得球员击球的力量更加持久。许多业余球员可能在其球技和杆头速度还不能协调一致时选用那种僵硬的杆身，以期借助强壮紧绷的肌肉展现其坚毅的男子气概。建议你还是询问一下球杆专家，找到最适合自己挥杆的杆身。

专家提示

放下杆面斜度为6°～8°的木杆，改用12°～14°的，然后击球超越对方。这样一个高尔夫神话——杆面斜度越低，击球距离就越远——就会不攻自破了。这一神话也许在使用铁杆时会灵验，但是木杆和现代高尔夫球的完好设计足以保证球飞得又高又远。

推杆的选择

伊恩·伍斯南（Ian Woosnam）是威尔士高尔夫球历史上一位伟大的球员，1982年开始在欧洲赛上获得冠军。在1987年和1990年，伍斯南两度夺下欧洲赛奖金王称号。然而，对于伊恩·伍斯南来说，生命中最难以磨灭的成绩是2001年在温特沃思举办的思科世界比洞锦标赛中，他以精湛的扫帚柄形推杆夺得了该比赛的冠军。他始终坚守冠军宝座的关键在于他对推杆的选择。正是推杆帮助他战胜了其他选手。

Ian Woosnam
伊恩·伍斯南

国籍： 威尔士
生于： 1958年3月2日
辉煌战绩：
美国高尔夫大师赛冠军　1991
莱德杯高尔夫球赛　1983、1985、1987、1989、1991、1993、1995、1997、2006（任队长）

伊恩·伍斯南于1976年转为职业运动员，在21世纪初仍然顽强拼战于欧洲职业循环赛场上。而真正让伍斯南跻身大师行列的是1991年，他成功地在奥古斯塔举起了美国名人赛的冠军奖杯，并荣获了他唯一的大满贯，成为排名世界首位的球员。遗憾的是，在2001年皇家莱瑟姆举办的高尔夫公开锦标赛中，伍斯南在最后一局战平，他在第一个洞获得博蒂，结果却发现他的球袋还有一个球杆，因而被判罚两杆。受此影响，伍斯南没能经受住大卫·杜瓦尔（David Duval）的挑战而最终败于其下，错失冠军宝座。而在之后的世界比洞锦标赛中伍斯南赢得了桂冠，从而又一次证明了自己的实力和竞技能力。

如何找到完美的推杆

伊恩·伍斯南总是交替使用扫帚柄形推杆和常规推杆，具体要取决于他当时的技术状态。许多像伊恩这样的老球员都会由于紧张而不自觉的产生手部抽筋（即扭转痉挛症），进而破坏了推杆的能力，使得推杆时抽动或急拉。装备的改变会改善这种情况。这里我们将向你介绍不同类型的推杆以及该何时使用它们。

三种杆头

这三种杆头分别是：跟部结合式、杆面平衡式和中间结合式。跟部结合式是一种老式的刀背球杆，不好使用；杆面平衡推杆头部较大，杆面宽容度大；而中间结合式则是两者的结合。

常用推杆

传统长度的推杆应该只及膝盖的高度。所以当你俯身使用推杆时，会觉得很舒适，既不会觉得挤压或弓背，也不会感到太僵硬或挺直。这个长度是最常用的。

扫帚柄形推杆

扫帚柄形推杆立在地上时几乎能触及到你的下颚。它的优势在于将两只手分开用力，降低了击球时手腕活动的可能。在3米（100英尺）之内的距离使用它非常有效，但是这种长推杆也增加了判断距离的难度。

腹式推杆

腹式推杆不但有利于避免击球时手腕的抖动，而且便于进行平稳的击球。它的持用方法与传统长度推杆相同，但是其腹部设有加长杆身的锚，这使得球杆像支点一样稳固。

专家提示

为什么不在背包里装上两个推杆呢——一个是传统长度的球杆，用作长推杆；另一个是扫帚柄形推杆，用作短推杆。这就意味着你既可以体会到长推杆的触感，又可以结合扫帚柄形推杆用作短杆的优势。如果不想被判罚杆的话，你就只能在球袋里装上14个球杆——问问伊恩·伍斯南就知道了！

不同类型的
铁杆

　　许多参加巡回赛的职业高尔夫选手都很羡慕史提夫·埃尔金顿（Steve Elkington）纯熟的高尔夫球技。这是因为他那近乎完美的挥杆和干净利落的击球。有了如此干净地击球，他所关注的就是球的高度和转速。为了将其发挥至极致，他使用的是刀背球杆，这种球杆绝不容许偏离中心击球的发生。

Steve Elkington
史提夫·埃尔金顿

国籍： 澳大利亚
生于： 1962年12月8日
辉煌战绩：
美国职业高尔夫球锦标赛冠军　1995

　　如果你问那些顶级职业球员他们最喜欢21世纪90年代哪位球员的挥杆，绝大多数人都会说是史提夫·埃尔金顿。他能将简单、笔直的推球线与完美的身体旋转及完美击打融为一体，其球技堪称一流。1995年，他以绝好的球技在美国职业高尔夫球锦标赛上获得了大满贯。另外，他还在美国高尔夫巡回赛中捧回十次冠军奖杯，并且参加了不计其数的总统杯比赛，连续15年一直处于顶级高尔夫球手的位置。1995年，他以最低杆数赢得了沃尔登奖。1993年，他在23场晋级赛中获胜并赢得了大笔奖金。史提夫的大部分时间是在澳大利亚和美国休斯顿度过的。

如何选择铁杆

有两种基本的铁杆：刀背式铁杆和铸造中空式铁杆。要想使用刀背式铁杆，你就得拥有史提夫·埃尔金顿那样完美的击球。多数业余球员愿意使用那种穿透力稍差的铸造中空式铁杆，因为它的误差容许度更大。

老式球杆

在20世纪60年代还只存在一种铁杆——刀背式。这种球杆制作精良，但是其剃刀状边缘增加了击球的难度。其甜蜜点较小，所以误差容许度小。如果稍有不慎，错过了杆头中央的击球部位，那么球只能飞出预期一半的距离。

新旧相遇

现代的刀背式球杆要求击球的准确性高，手感佳而且控球性好。如果使用得当，会很容易做出低飞球、右曲球或左曲球。可一旦使用不当则会产生很糟糕的结果。

误差宽容度

凹背式球杆在杆头后面有一个中空区，从而降低了重心，增大了甜蜜点。这使得击球更加容易，不会因为偏离中心的击球而造成太大影响。但是凹背式球杆不如刀背式球杆的控球性好。

混合使用，互补长短

打球时，可以使用整套的现代混合型球杆。这些球杆中，球杆越短就越像刀背，也越容易控球；越长的球杆越似凹背式，也就越容易将球以直线击入空中。它既保证了误差容许度，又具有良好的穿透力，但是这样的球杆价格要贵些。

专家提示

现代铸铁技术的突飞猛进增加了人们辨别铸铁球杆和锻造球杆的难度，只有顶级球员才能做到。铸铁球杆是将滚热的金属灌进模子而制成的，而锻造球杆是将软铁捶打成型并由制造者以手工完成的。

再添一个
挖起杆

自从20世纪90年代以来，菲尔·米克尔森（Phil Mickelson）就是世界顶级四大高尔夫球员之一。他是左撇子，加之他在果岭周围的灵活应变更突出其与众不同。他能以精湛纯熟的球技在切球与劈起球两种方法之间随机应变。这种应变性源于他在球带里放置了一个挖起杆。

Phil Mickelson
菲尔·米克尔森

国籍： 美国
生于： 1970年6月16日
辉煌战绩：
美国高尔夫大师赛 2004、2006
美国职业高尔夫球锦标赛冠军 2005

菲尔·米克尔森曾经作为业余选手赢得职业比赛的冠军（1991年北方电信公开赛），此后，他频繁参加美国职业高尔夫球锦标赛，但是却从没有获得大满贯的突破。这位出生于美国亚利桑那的高尔夫奇才因其全面的进攻性而著称，这一特点令观众叹为观止。在2004年的美国大师赛上，人们领略的是泰然自若、充满自信的米克尔森。他的保守打法和精准的挥杆十分抢眼，最终获取了他职业生涯的首个大赛冠军。2005年他问鼎美国职业高尔夫球锦标赛，夺得第二个大赛冠军，2006年美国高尔夫大师赛则再添满贯赛奖项。菲尔是美国现代超级巨星之一—— 他有过失，有不足，但同样拥有天分。

如何选择挖起杆

当业余球员想在球袋里再添加一个球杆时，他们通常会再选一个木杆或长铁杆。而职业球员知道比赛的哪个环节最能为他们赢得大笔奖金，所以他们会选择再加一个挖起杆。菲尔·米克尔森有四个挖起杆，在不同的突发情形、不同的球位和不同障碍区会选用不同的挖起杆。

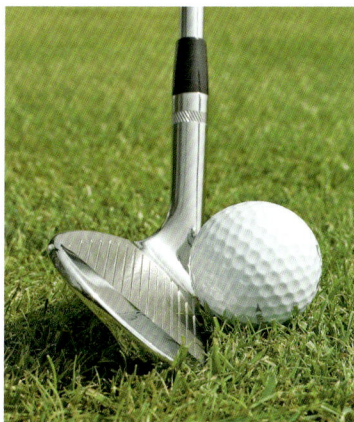

劈起杆

当距离果岭110米（120码）或者更近时，你就可以使用劈起杆，而且当果岭位于高尔夫球与旗杆之间时也要用劈起杆。多数挖起杆的杆面斜度为48°，但是菲尔的劈起杆斜度只有45°，因为他想让挖起杆的杆面斜度保持一致性，以免在两种型号的球杆之间难以取舍。

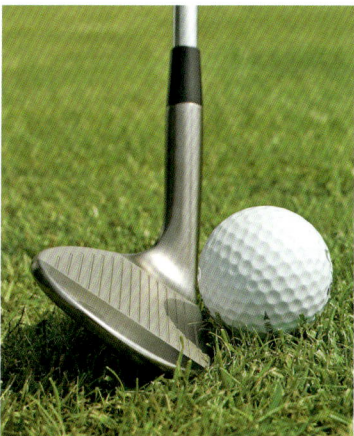

中继挖起杆

当距离果岭90米（100码）击球时要选用中继挖起杆。它减少了使用劈起杆时不能全力击球入岭而使用沙坑杆时又不得不费尽全力击球的尴尬。只要球杆选用得当，你就可以稳住速度、全力挥杆，而无须控制击球。通常来说，中继挖起杆的杆面斜度为52°。

沙坑挖起杆

沙坑挖起杆可以用于73～90米（80～100码）的距离，或者在需要打高吊球而又不想让球飞的太远时使用。它的主要用途是沙坑救球，其圆形底部能帮助你逃出沙坑。虽然菲尔的杆面斜度为55°，但是典型的沙坑挖起杆的杆面斜度应为56°。

高抛挖起杆

使用高抛球可以确保球的高度并很好的控制其远度，使球轻柔落于果岭上。它也会有远的距离全力挥杆，而沙坑挖起杆在这个距离处则很难掌控。这种球杆是最新的，也最具危险性。菲尔使用的是与传统杆面斜度一致的60°的球杆。

第一种
现代握杆方式

哈利·瓦登（Harry Vardon）是第一位高尔夫名人。在20世纪初，他雄霸了整个高尔夫公开锦标赛，共获得6次冠军。他也巡游过美国，在那里夺得了1900年举办的美国高尔夫公开锦标赛的桂冠。所有现代的大师们仍然在按照他当时确立的标准来衡量自身球技。

Harry Vardon
哈利·瓦登

国籍：英格兰
生于：1870年5月9日
卒于：1937年3月20日
辉煌战绩：
英国公开赛冠军 1896、1898、1899、1903、1911、1914
美国公开赛冠军 1990

哈利·瓦登被看做是高尔夫历史上的一位巨人。这不仅是因为他曾经在主要赛事上取得辉煌的成绩——至今还没有任何一个人突破他的6次公开赛冠军的纪录——而且还因为他高超的球技。哈利是重叠式握杆法的鼻祖，现在世界上有70%的高尔夫球员都使用这种方法。他在泽西长大，在来到英格兰尝试"正当的"高尔夫运动之前，他在维多利亚高尔夫球场——只有几个短洞的小型场地——当花匠。他赢得了第一场比赛，在第二场比赛中取得了第二名，然后成为了一名职业球员。哈利击败了当时1号球员JH泰勒（J H Taylor），夺得了1896年的英国公开赛的冠军。在1903年，他患了肺结核，这造成他在推杆时神经过敏——虽然他确实又赢得了两届公开赛的冠军。他死后，美国职业高尔夫巡回赛赋予他年度平均杆数最低球员奖。

如何使用瓦登握杆法

　　哈利·瓦登并没有发明瓦登握杆法（重叠握杆法），但却使得这一握杆方式得以普及。他把双手当做一个稳固的连接点，让左右手都不会过多影响到杆面。挥杆时的许多问题都在于错误的握杆方式，因此正确的握杆会使打球更加轻松。任何一种握杆方式的关键都在于对双手持杆紧度的把握。

1 身体直立，双手自然下垂至身体两侧。然后让一位朋友将球杆放到你的左手上，不要改变身体姿势。将球杆置于手指根部，不要放于手掌，手呈V字型，对准右肩。

2 左手大拇指沿着杆身下滑至1.5厘米（0.5英寸）处。然后将右手放于球杆上，使其小手指叠于左手食指与中指的缝隙处。再次确认你是在用手指根部而不是手掌进行握杆。

3 确保双手的拇指与食指形成的V字形指向右肩。如果不是这样，就说明你或是握得太用力或是太松了。这会导致撞击中杆面向外或杆面向内。

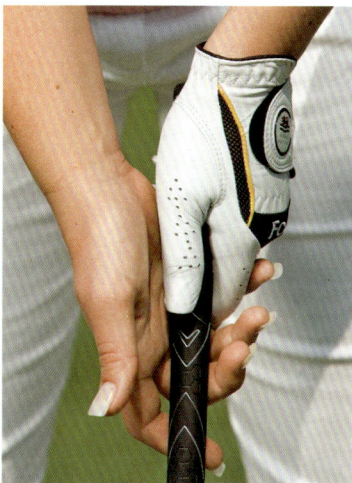

4 确保握力适度，就是说，既要有足够力量控制球杆，又要留以足够松度让朋友能将其从你的手中猛力拽出去。

专家提示

　　人们在握杆时经常忽视的一个因素就是握把的厚度。多数业余球员都认为较薄的握把更加舒适，因为它柔软便于紧力持拿，但是这样同样也会造成挥杆过紧。最好咨询一下当地的专业人士，让他们帮你判断你的握把是否适合你手的尺寸。

其他两种握杆方式

本·霍根（Ben Hogan）最显著的成就是1953年在卡努斯蒂参加的唯一一届高尔夫公开锦标赛上的成功。霍根遵从高风险、高奖赏的路线——在每局比赛都拿下一个博蒂之后，他以独有的进攻性和超强的力量征服了整个球场，从而使标准杆为5杆的第6洞成为了著名的"霍根的小路"（Hogan's Alley）。

Ben Hogan

本·霍根

国籍：美国
生于：1912年8月13日
卒于：1997年7月25日
辉煌战绩：
英国公开赛冠军　1953
美国高尔夫球大师赛冠军　1951、1953
美国公开赛冠军　1948、1950、1951、1953
美国职业高尔夫球锦标赛冠军　1946、1948
莱德杯高尔夫球赛　1947、1951

本·霍根不仅是最成功的高尔夫球员之一，而且还写过一本颇具影响力的关于高尔夫挥杆的著作《五节课：高尔夫的现代基础》。很多高级球员的储藏柜里都珍藏着这本书，而且它还是许多哲学和思想教学的根基。另外，本·霍根还是著名的高球勇士，并极力投身于练习场。本·霍根的事业之所以显著，也与他成功地战胜逆境密不可分。1949年，他遭遇了一场致命的车祸，医生甚至认为他再也不能行走。然而11个月后，他再次以高水平的表现出现在洛杉矶公开赛中，最终在加时赛中才输给了萨姆·斯尼德（Sam Snead）。1953年，他在所参加的所有六场比赛中夺得了5个冠军，其中包括本年度四大公开赛的头三场比赛。

如何使用互锁式握杆法

"打高尔夫要从握杆开始。"本·霍根在他著名的指导手册中写道，"握杆方式是影响高尔夫挥杆的核心。" 书中也提到，他承认确实有多种不同而又有效的握杆方式。瓦登握杆法之外另一种最常用的方法就是互锁式握杆，这也正是本·霍根所提倡的。

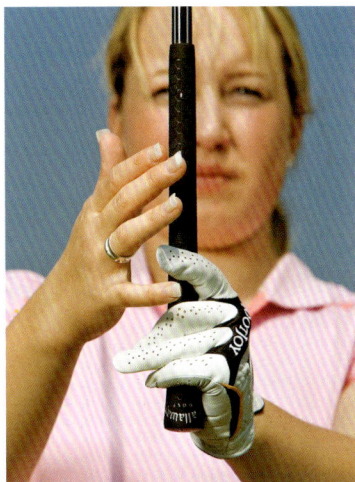

1 像瓦登握杆法一样，用左手持球杆（见22～23页），拇指正对杆面。

2 将右手的小手指与左手的食指交叠在一起，相互勾住。球杆放置于手指根部，而非手掌，形成的V字形指向右肩，就像瓦登握杆法一样，然后在手里调整直到感觉舒适为止。

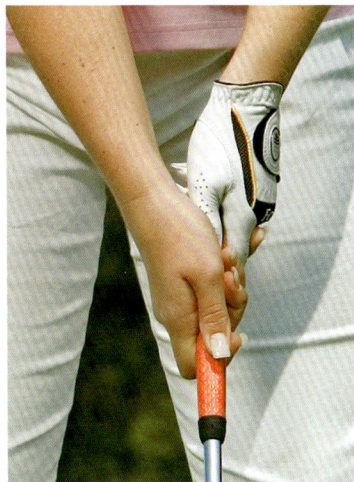

3 平时要反复练习握杆。不用拿杆，只需练习双手动作。本·霍根曾写道："在高尔夫运动中，有一些是你必须要精确做到的，只是大概正确是绝对不行的。握杆就是其中之一，只对一半就等于一事无成。"

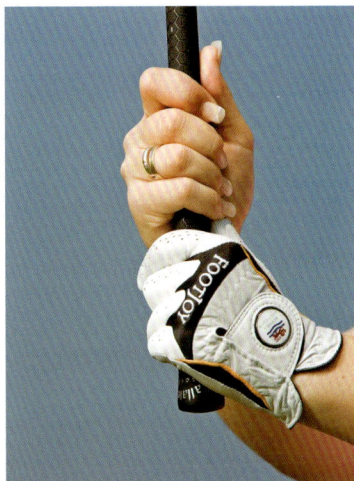

棒球式握杆法〔十指握杆法〕

像其他两种方法一样，用左手持杆。然后右手像以前一样滑动，但不是手指相连，而是双手互不接触。如果需要的话，将左手拇指放于右手掌心——但并没有这个必要。

> **专家提示**
>
> 握杆的目的是把手当做连接点，将球杆置于手中，在挥杆和击球过程中保持杆面指向目标。握把是你与球杆的唯一连接点，所以它是最重要的要素。多数挥杆问题都源于不正确的握杆，并非其他的技术原因。

完美的姿势

当17岁的贾斯汀·罗斯（Justin Rose）还是个业余运动员时，他就已经在1998年的英国公开赛上取得了第四名的成绩，成为了一位国际级高尔夫球手。之后，他迅速转为职业运动员。他的努力终于在四年后的约翰内斯堡卓见成效，他在登喜路锦标赛中赢得首个个人冠军。他是大西洋两岸众多崛起的英国高尔夫球员之一，他那独特的天赋和精湛的技巧将使得他的事业步步高升——但是，他是否拥有自己独到的气质呢？

Justin Rose

贾斯汀·罗斯

国籍：英格兰
生于：1980年7月30日
辉煌战绩：
英国公开赛第四名　1998

贾斯汀·罗斯的故事中不只有胜利，其中也伴随着灾难和之后的东山再起。在1998年的公开赛中，他虽然闯入了高尔夫锦标赛，可是却连续21场赛事被淘汰。但是在大卫·李德贝特（David Leadbetter）和他父亲肯（Ken）的帮助下，他慢慢建立了自己在巡回赛中的地位。现在，贾斯汀在美国职业高尔夫球锦标赛中地位突出，是位举足轻重的人物。然而，他在参加美国职业高尔夫球锦标赛的同时却限制了他获取莱德杯高尔夫球赛的资格。但是，只要他完成了大满贯或者通过选拔队长的方式，那么对他来说进入莱德杯将是迟早的事。

如何培养良好的站姿

在职业高尔夫赛场上，贾斯汀的高难度曲线击球使得他能够轻松应对压力。但是，挥杆还是要取决于对基本要领的掌握，他瞄球时会摆出十分专业的姿势，这对于具有爆破力的挥杆是非常必要的。遵照下列指导来一步步培养正确的站姿吧。

1 身体直立，球置于双脚正前方中间。使用2号铁杆并采取一个合适的握杆方式，使球杆与体前的手臂呈45°角。双脚打开与肩同宽，脚尖轻微向外。

2 后背和双膝挺直，以臀部为轴向前弯曲。球杆垂于地面，杆头置于球后。不要改变手臂与球杆之间的角度。手臂自然下垂于肩下。

3 双膝微屈，臀部保持不动。想象你是在脊椎的根部放置了一个装满酒的玻璃杯并且要保持其平衡。后背挺直，双膝适当放松，保持这一稳定而又牢固的姿势。杆头置于球后，双手垂于肩下，不要向前伸展。

4 试着找到一个舒适而又便于运动的姿势，这才是培养良好站姿的目的所在。挥杆时不要因为抬高了脊椎，并且大幅度地绷紧了膝盖就使挥杆动作变形，要保持身体足够稳定，并自然转向球体。你需要放松，保持身体灵活，但要保持平稳。

专家提示

用镜子来检测自己的站姿是保证技术规范的一种好办法。看看自己的后背是否挺直，膝盖是否足够弯曲。良好的站姿会有助于你在以后的高尔夫运动中一直维持得体的挥杆动作。正确掌握和实施这些动作要领是一件很困难的事，所以不要有什么负担和压力。

完美的姿势

巩固
基本要领

老虎伍兹是世界上最顶级的高尔夫运动员，而且是挥杆最好的球员。他在20世纪90年代末期和21世纪初期的统治地位如此坚不可摧，以至于他一时包揽了所有四大赛事的冠军头衔。就像所有出色的球员一样，他将每一个简单的动作都做得极其完美。

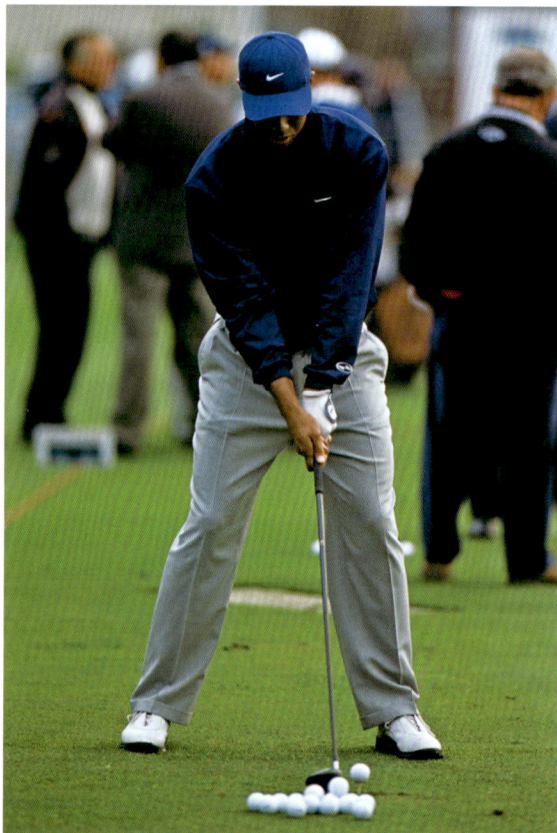

Tiger Woods

泰格·伍兹

国籍：美国
生于：1975年12月30日
辉煌战绩：
英国公开赛冠军　2000、2005、2006
美国高尔夫球大师赛冠军　1997、2001、2002、2005
美国公开赛冠军　2000、2002
美国职业高尔夫球锦标赛冠军　1999、2000、2006
莱德杯高尔夫球赛　1997、1999、20002、2004

从孩童时起，老虎伍兹就表现出了非凡的高尔夫天赋。他3岁时就击出了9洞48杆的成绩。之后作为业余选手不断打破纪录并且赢得各种赛事。在成为职业球员之前，他曾3次问鼎美国业余高尔夫大赛，并于1996年赢得了拉斯维加斯国际高尔夫比赛。他的首个冠军来自于次年的美国大师赛，他以12杆的成绩横扫赛场、勇夺桂冠。老虎已经将高尔夫运动带入了一个新的高度，他更加注重健康和营养，而且坚持在这一领域努力拼搏着。在他的职业生涯中，他已经2次改写了挥杆纪录，每次呈现在大家面前的都是一个更加健壮、更加出色的球员。

如何运用良好的球位和站姿

老虎伍兹无论在何种场合，都保持着良好的站姿和球位。他的1号球杆是其最强有力的武器之一，而他的技巧就恰恰在于球杆的使用。下面的练习会有助于你找到良好的球位。

1 手持1号球杆，将球置于球梯上。双脚并拢，球杆下垂置于球后。使用1号球杆时要将球放于左脚跟的延长线上，不要让它滑动太远。正常持拿球杆，保持良好的站姿，杆面对准击球目标线。

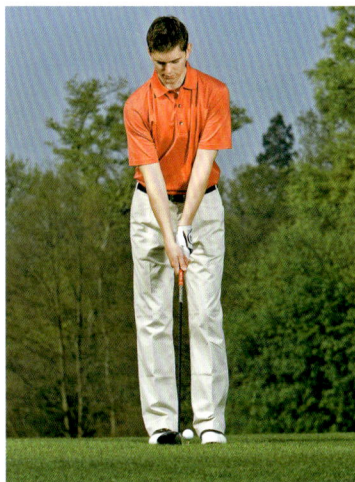

2 右脚向后移动，左脚保持不动。使两脚的距离与肩同宽，脚尖轻微向外。也可以让两脚的站位稍微大于肩宽，但是要记住你所寻求的是一个舒适而且平稳的站姿。

3 确保将球置于你左脚跟的延长线上。这对于使用1号球杆来说是最完美的姿势。你要用挥杆的上部来击球，使其高高飞出，落于球道。如果球向回滚动，就说明你可能是用挥杆下部击球的，从而导致击球动作和球飞行的不连贯性。

4 如果你使用的是2号球杆，将球置于两脚中间稍前的位置上，短杆要求球位在两脚中间。球杆越短，球位就越靠后，进攻的角度就越陡，所以你击球的位置就越向下。

> **专家提示**
>
> 球梯置球的高度关系着球的飞行。使用现代的大头1号球杆，就要求将球置于更高些的球梯上。现代球杆的设计使得球的飞行弧线犹如彩虹，不像旧式球杆击出的下降形弧线。所以要用高些的球梯置球，使用大头的1号球杆，从而将球击得又高又远。

精确瞄准

帕德里哥·哈灵顿（Padraig Harrington）是欧洲高尔夫巨星之一，他打球时总是面带笑容。他先后赢得9次欧洲杯巡回赛的冠军，并获得两届美国职业高尔夫巡回赛的冠军奖杯——2005年举办的市田精英赛和巴克莱精英赛。他在这两届比赛中也是非常显赫的人物。

Padraig Harrington

帕德里哥·哈灵顿

国籍： 爱尔兰
生于： 1971年8月31日
辉煌战绩：
莱德杯高尔夫球赛　1999、2002、2004

哈灵顿是世界上最敬业的高尔夫球员之一，而且在练球场上度过的时间可能仅次于维杰·辛格（Vijay Singh）。1999年，他开始将努力付诸于竞赛实践，在这一年获得莱德杯高尔夫球赛第十名。从此，他就再也没有停下来过，并于次年赢得了1996年以来的第一个锦标赛冠军。哈灵顿并没有赢得过太多的冠军头衔，但是却拥有无数的亚军荣誉，其中包括1999年的4次以及在四大赛事上的5次最好成绩。他尽情体味着作为业余选手的成功喜悦，并且3次参加沃克尔杯，包括1995年的夺冠。哈灵顿在转为职业运动员之前还完成了会计学学位，这也使他在高尔夫赛场之外体验了另一种真实的生活。

如何直线击球

哈灵顿会花上很多时间在球场练习基本功，操练基本技巧，这使得他的挥杆非常连贯。正确的瞄准——你的身体和球杆要对准的方向——是进行完美、准确的直线击球的必要因素。

1 直线击球，杆面必须对准目标。要想使自己能够很好地将球杆击准位置，你得从瞄球时杆面垂直开始练起。向下看你的目标线并且选定一点——在地面的一个标记——它是在目标线上杆面前面几米处的一点。

2 将杆头置于地面，此时脸部正好面对这一点。然后，在保持这一精确位置的基础上调整好姿势，确保你的肩部、膝盖、臀部和脚尖与目标线正好平行。

3 为了便于想象准确的直线，你可以在目标和球之间勾画一系列轨道。你的球应该正好位于轨道的一条线上，目标线也正好位于这条轨道上。你的脚和肩则位于另一条轨道线上。肩部要与目标线保持平行，就像这些想象的轨道一样，肩部不能直接指向目标线。

4 即使你在忙于提高其他球技，也还是应该练习良好的瞄准技术。如果在练球场上观看哈灵顿的表现，你将不难发现他也是在用想象的轨道进行练习。他总是将几个球杆放于地面，一个沿着脚尖的方向，另一个指向内侧，但要与目标线平行。这些对于他来说就像是每次击球的一个向导。

> **专家提示**
>
> 某些教练说几乎有一半的业余球手击球不准都是因为瞄球不准，而不是因为球技太差。比如说，如果你在精心准备之后所进行优质挥杆只将球击出了50米（45码），那就说明你没有进行认真的瞄准。一定要反复练习瞄准来避免这样的问题出现。

第一个动作

如果不是因为同胞恩尼·艾尔斯（Ernie Els），雷铁夫·古森（Retief Goosen）将会成为一位高尔夫球坛最高雅的南非球员。他稳定的技巧和杆速是所有职业高尔夫球员中最出神入化的。他那淡定而又洒脱的行为举止正好与其轻松而又自如的挥杆动作相互辉映。他是现代球员中轻松迎战老虎伍兹统治地位的巨星之一。

Retief Goosen
雷铁夫·古森

国籍： 南非
生于： 1969年2月3日
辉煌战绩：
美国公开赛冠军　2001、2004

雷铁夫·古森于20世纪初开始成为一名挑战世界顶级选手的球员。在此之前，他还在参加欧洲杯巡回赛，并赢得了很多赛事——通常是在法国——直到2001年他在美国公开赛通过延长赛获得胜利，从而一炮走红。其后，在2004年，他打败了美国大师赛的冠军菲尔·米克尔森（Phil Mickelson），夺得了第二个冠军头衔，进一步证明了自己的成功绝非侥幸。另外，雷铁夫也因重压出错而闻名。他曾在2005年的美国公开赛的决赛中，在领先三杆的情况下被反超。同时，他也是继1982年大白鲨葛瑞·诺曼（Greg Norman）以来位于奖金榜榜首的第一个非欧洲人，并在次年成功地捍卫了自己的皇冠。在雷铁夫还是业余球员时，他曾遭到过雷击并在很长时间内饱受疾病的困扰，这一不幸事件延缓了他成为世界顶尖高尔夫球员的步伐。

如何跟随雷铁夫的第一个动作

　　雷铁夫·古森说他喜欢将挥杆尽可能简易化："我在做高尔夫球员时不喜欢想得太多。"他拥有绝好的基本技术、站姿、握杆以及站位，这些都有助于他保持挥杆的连贯性，而且他的挥杆总是节奏轻快、得体。在进行这一简单动作时，第一步是非常重要的。

1 为了确保球技的正常发挥，每次挥杆时都要保证精神放松。起杆的关键在于将球杆慢慢低位向后引。如果这是你在挥杆时的唯一想法，那么它可以帮助你形成稳定的节奏，并且在上杆时形成一个很好的宽弧。

2 将肩部和后背转向目标，平稳地将球杆向后引。不要快速挥动球杆，或是在挥杆时将手臂过早抬起。

3 找准瞄球位置，保持与目标平行，在挥杆过程中要一直保持这一姿势。在转动肩部挥杆并且与球距1米时，要保证杆面指向目标。不要将球杆挥拽向目标线的内侧，也不要将手向外推至此线外侧。

简单的起杆练习

　　将球梯置于地面距球后60厘米（2英尺）的位置，并直接指向目标线。当球杆从球处移开时，要试着扫过球梯的顶部。要反复练习，直到这种正确的姿势成为你的习惯动作，你就不会再将球杆挥至目标线内侧或外侧了。

专家提示

　　这种慢速、低位的起杆动作一定要平稳。要保证挥杆的宽度，进而从第一个动作起就培养出像雷铁夫·古森先生那样轻松的节奏。不要用手腕猛然晃动球杆。

X
因素

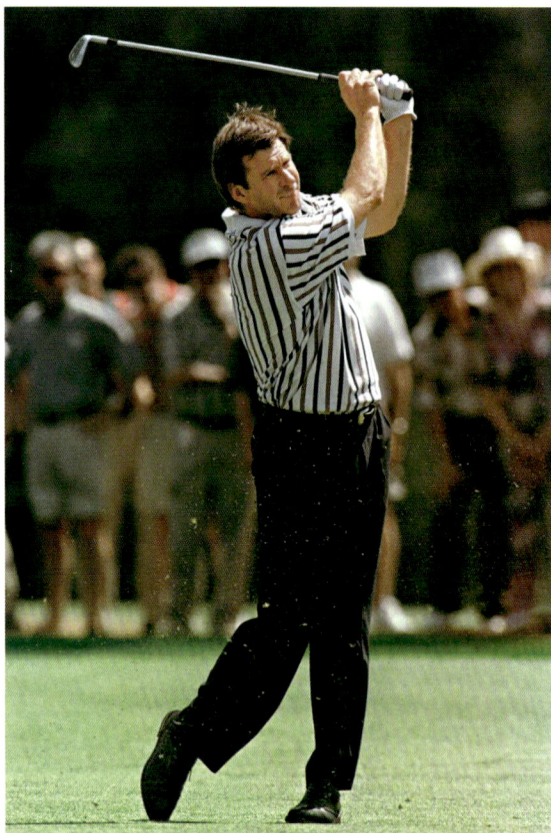

在1996年美国大师赛的决赛中，尼克·费度（Nick Faldo）战胜了他的6杆障碍，以5杆的成绩赢得了冠军。他那连贯而沉着的打法使对方面临的压力不断升级，从而逐渐瓦解了领军人物葛瑞·诺曼（Greg Norman）的意志。他在五杆洞13号球道第二杆的表现就是最好的例证，因为这是个众所周知的高风险、高奖金的球洞。他用2号铁杆将球击入了果岭的中心，从而确保了击球入洞，攻破了葛瑞最后的防线。

Nick Faldo
尼克·费度

国籍：英格兰
生于：1957年7月18日
辉煌战绩：
英国公开赛冠军　1987、1989、1992
美国高尔夫大师赛冠军　1989、1990、1996
莱德杯高尔夫球赛　1977、1979、1981、1983、1985、1987、1989、1991、1993、1995、1997

尼克·费度在如今的高尔夫球坛仍然是最为人熟知的名字和面孔之一。他已经获得了6次大满贯头衔，无数的美国和欧洲杯巡回赛冠军，而且在莱德杯获得了比其他人更多的积分。同时，尼克也在高尔夫赛场之外的商业领域，如教练研究院和球场设计等方面赚得了大笔钱财。当他意识到自己当时的球技在面临大赛压力还不完善时，他在大卫·李德贝特（David Leadbetter）的帮助下成功地摆脱困境并重建事业。虽然他当时由于巨大的改变而遭遇了人们无情的批评，尼克还是在重返高尔夫赛场后又继续赢得了6次冠军奖牌。在1996年美国高尔夫球大师赛上，著名的2号杆象征了他因运用新技巧而获得的完美的控球技术。

如何连贯地打球

　　尼克·费度练就了令人难以置信的球技，而其中的X因素是重要元素。这种因素对于保持击球的连贯性来说是至关重要的。尼克掌控技巧出色之处在使用2号球杆时得以展现。在球梯上，任何技巧上的瑕疵都会暴露无遗，所以你要练习这些基本技巧。之后，你才能在更多的球道中取得成功。

1 向后挥杆至顶点时，转动肩部，并与初始位置形成90°。这是一个简单又灵活的动作——左肩顶部指向球，更重要的是要转头，用左眼余光瞄球。头部不要僵硬，因为这样会限制你的运动。

2 臀部转动约45°，但不要转得像肩部那么远。这就是尼克从大卫·李德贝特那里学到的X因素。将肩部转成90°，而臀部转成45°，用你那强有力的手臂挥动球杆，动作就会协调连贯了。

3 如果你在肩部与臀部之间连一条线，然后从高处往下看，你就会看到一个X——这就是X因素，即为上体与臀部旋转角度的差异。这种差异越大，其耐性越强，从而产生的力量就会越大。

4 你一旦掌握了这种上挥杆至顶点的正确姿势，那么你所需要做的就是在开始下挥杆时扭转上体，让你的肩部、背部和臀部引导球杆挥向球后。这些大块肌肉基本不会出错，所以无论参加什么样的比赛你都能进行连贯而有力地击球。

> **专家提示**
>
> 　　尼克将肩部旋转成90°，而将臀部旋转成45°——这是一个高水平运动员的动作——因此，如果你的身体达不到这个程度也不必太在意。要确保上体和臀部的旋转角度有所不同，所以你并不是在球后将整个身体都旋转成统一角度，那只是一种旧式的而且很不可靠的方法。

过渡

职业高尔夫球员中，挥杆最与众不同也是最令人兴奋的是塞尔吉奥·加西亚（Sergio Garcia）。他是年轻而又富有活力的高尔夫球员，他能在上杆顶点时发出具有超强爆发力的弧线高飞球，这是他独一无二的本领。塞尔吉奥已经在美国职业高尔夫球巡回赛中赢得了6次冠军，而且自2001年以来，他一直稳坐欧洲顶级球员的位置。

Sergio-Garcia
塞尔吉奥·加西亚

国籍：西班牙
生于：1980年1月9日
辉煌战绩：
美国职业高尔夫球锦标赛亚军 1999
莱德杯高尔夫球赛 1999、2002、2004

塞尔吉奥·加西亚曾经是一位令人惊叹的业余球员，在17岁时就获得了职业高尔夫球锦标赛和加泰罗尼亚公开赛的冠军。1999年，年仅19岁的他转为职业球员，并于同年在职业高尔夫协会巡回赛中向当时的冠军老虎伍兹发起挑战。从那之后，人们对他的争议（因为他那糟糕的坏脾气）和其自身在挥杆方面的技术困难限制了塞尔吉奥在四大赛事中的发挥。他经历了一些技术调整，而这对于技术已经定型并已将其化为一种本能的球员来说是很困难的。之后，他不断在美国职业高尔夫球巡回赛中获得冠军，并且目前也热衷于此项赛事。他那力量型的打法、积极乐观的态度、在果岭附近精巧的击球，加之同样精彩而具威慑力的推杆，使他真正成为了大众的宠儿。

如何过渡

虽然说塞尔吉奥·加西亚的挥杆称不上是大师级水平，但是他的一些技巧还是值得我们学习的，那就是他挥杆的力量。在上杆顶点时，他的重心转移到右侧，后背朝向目标。正是从这一点，当他将身体重心从右侧移至左侧时，上杆就转为下杆了。

1 下杆时将臀部转向左侧，从而促使上身伸展开来。

2 将左肩从下颚处移开，重心转向左侧，其连锁反应是球杆强有力地挥至球后。

3 弯曲身体开始下杆，然后其他一切将随即而来。加西亚在上杆顶点时能发出弧形高飞球，这就意味着在过渡运动中他的身体是先于手臂的。

4 要将加西亚过渡运动的技巧应用于你的挥杆动作，所以要避免用右肩来引导下杆，这是斜击球的常见方法。

专家提示

能纳入挥杆前准备动作的一个最佳练习就是后挥至顶点，停留片刻然后进行过渡练习，最后停止。感受那种单纯因重力原因而落杆的感觉，暂短的停顿会强迫你的下半身开始下杆。

节奏的
重要性

1937年，萨山·斯尼德（Sam Snead）以一个天才乡村男孩的身份出现在大众面前，他的击球远于当时的任何一位球员，从而使得"重击手山姆"的昵称不胫而走。他的成就要归功于漂亮的击球节奏和挥杆，这一优势使他的职业生涯远远超过了其他人。

Sam Snead
山姆·斯尼德

国籍： 美国
生于： 1912年5月27日
卒于： 2002年5月23日
辉煌战绩：
美国高尔夫大师赛　1949、1952、1954
英国公开赛冠军　1946
莱德杯高尔夫球赛　1942、1949、1951、1952、1953、1955、1959

山姆·斯尼德在世界范围内获得过130多项职业高尔夫赛冠军称号，其中包括82个美国职业高尔夫球巡回赛冠军。但是，更令人惊叹的则是他职业生涯的持久。山姆是第一位突破年龄限制的高尔夫球员，他在67岁时打出了67杆的好成绩，并在1979年方庭市公开赛（Quad Cities Open）打出66杆的成绩。同时，他还积极参与1979年的常青巡回赛。他从不像对手那样辛苦练习，相反，却依靠他一贯自然的击球节奏和力量。山姆曾经说："许多人如果像拿高尔夫球杆那样手握刀叉，他们就会饿死。"直到他2002年去世时，他仍然保留着美国大师杯高尔夫球赛荣誉创始者的称号。

如何掌握挥杆节奏

山姆·斯尼德的挥杆节奏是世界上所有高尔夫球员所美慕的。他能同时调动身上所有的肌肉，从而不费吹灰之力地将球击出很远的距离。同时，他还展现出一位舞蹈者的优雅风范。正如杰克·尼克劳斯（Jack Nicklaus）所说："观看山姆·斯尼德练习击球就像观看鱼儿练习游泳一样。"

1 挥杆时，通过查数来稳定击球节奏。上杆时数 1，下杆时数 2。尼克·费度（Nick Faldo）确实是在上杆时说"山姆"，在下杆时说"斯尼德"。

2 要想确保挥杆动作持久而流畅，你就需要花费时间练习并保持耐性。高尔夫运动在很大程度上取决于球手的姿势、平稳性以及击球的正确角度。上杆时不要只注重姿势而忽略了自然的节奏。你可能所有的姿势都很完美，但是切记它们必须在同一动作中相互协调一致才行。

3 无论是练习时还是在赛场上，都不要害怕进行自然、流畅的运动。斯尼德在练习时并不努力；他只是使所有动作都遵循自然而简易的顺序。他曾说："只想不做是高尔夫的头号杀手。"他依靠的是自然的挥杆和直觉。

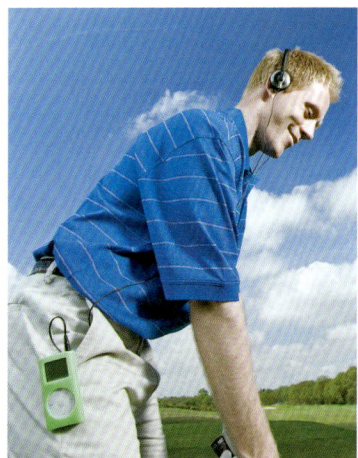

4 伴随音乐进行一段练习，以此来提高你的节奏感。按照音乐节拍来进行击球有助于培养一种自然的时间分配。斯尼德解释说："我总是享受这一舞蹈过程。它帮助我学会并重视节奏感与优美性。"他承认正是1—2—3节拍的华尔兹舞曲帮助他保持时间配比的同一性。

> **专家提示**
>
> 不要抵制自己自然形成的习惯，因为每个高尔夫球员都有各自不同的节奏和韵律。这些要取决于个人的个性。埃尼·埃尔斯（Ernie Els）是一个随性的人，因此，他的挥杆也很随意，而尼克·普莱斯（Nick Price）性格张狂，所以他的挥杆快速有力。

击球瞬间

大卫·杜瓦尔（David Duval）是在20世纪90年代末真正向统领高尔夫领域的老虎伍兹发起挑战的第一人。他以独特、放松、自然而又充满自信的表现赢得了2001年在皇家莱辛球场举行的高尔夫公开锦标赛冠军。他的挥杆技术如此高超，以至于在比赛最后一天的后9杆没有出现任何失误。尽管他四次与对手打成平手，最终还是以3杆的优势赢得了胜利。

David Duval

大卫·杜瓦尔

国籍：美国
生于：1971年11月9日
辉煌战绩：
英国公开赛冠军　2001
莱德杯高尔夫球赛　1999、2002

大卫·杜瓦尔是一个积极进取而又精力集中的高尔夫球员，他在比赛中能打出非常低的杆数。他是在美国职业高尔夫球巡回赛中获得过59杆的三位选手之一。但很遗憾的是，自从在2001年获得了大满贯之后，大卫的竞技状态日渐下降。此后的伤病和不佳状态影响了他，导致其在比赛中多次被淘汰，长期远离比赛，并时而遭遇低分。2005年，他20次参加美国巡回赛，却只晋级了一次。他间隔一定时间就会表现出短暂的复活信号，但却始终没有持续下去。大卫因其冷酷、淡定的举止以及深色太阳镜而著称，人们正在热切地期待着这位英雄，盼望着他奋勇拼搏状态早日归来。

如何摆出正确的击球姿势

当大卫·杜瓦尔处于其最佳状态时，他所呈现出来的自由流畅的挥杆正是源于其良好的击球姿势。击球是个最重要的瞬间——大卫的头部姿势与别人截然不同，也正是值得业余球员学习的地方。在高尔夫挥杆时的经典错误，也是最常见的错误——就是试图将头低下。

1 击球时（在上杆时）头部要跟着转动，眼睛先是盯着杆头，然后盯球，从而自如地挥杆。这就是大卫所做的。在击球后的几秒钟内不要死死地盯着地面（如图所示）。

2 大卫非常注重挥杆的流畅性，绝不能被僵硬的头部所限制，所以在击球时他不会盯着它。在球杆触球时，他的头部会跟着转动且眼睛看着几米之外。

3 试着击打枕头或者软质的沙发垫来练习良好的击球姿势。它有一定的限制性，会将杆头突然止住（但是很轻柔）。这样也就强迫你摆出击打枕头的姿势。让头部随着击打动作而转动，通过击打枕头能培养你良好的技巧。

为了自然的节奏和流畅的击球而进行练习

将六个高尔夫球分别置于球梯上，在面前摆成一条直线。然后沿着这条线轮流击打每个球，但不要重新瞄球。沿线前行时，你所要做的就是享受由自然、流畅的击球而带来的节奏感。这一练习会改善你的击球姿势。

专家提示

挥杆动作是否优美、瞄球或上杆时出现多少次失误都是无关紧要的，只要你的球杆垂直击球就可以。如果挥杆的其他部分都正确的话，那么你就更容易做到这点。

对杆头速度的要求

Nick Price
尼克·普莱斯

国籍: 津巴布韦
生于: 1957年1月28日
辉煌战绩:
英国公开赛冠军 1994
美国职业高尔夫球锦标赛冠军 1992、1994

尼克·普莱斯是一位职业寿命较长的高尔夫球员:他已经在高水平职业场上打拼了近30年。他的3个大满贯都是在其职业生涯最黄金的4年中获得的,并在1993年和1994年美国财富排行榜上名列前茅。他与尼克·费度、马克·奥马拉(Mark O'Meara)是20世纪90年代于同一年获得两个大满贯的3位高尔夫球员,并且他在那十年中赢得了比其他球员更多的锦标赛。近些年来,尼克成立了一个高尔夫球场设计公司。他仍然在美国职业高尔夫球赛上打比赛并且赚得大笔奖金,在比赛中他很少遭遇淘汰,失误率也极低。他在场上充满活力,在场外同样对人友善,面对压力从容不迫。2002年,他因合作精神以及乐于助人而获奖。

如何提高杆头速度

所有业余高尔夫球员都爱炫耀自己的杆头速度,因为它有助于增加击球距离和挥杆效率。杆头速度其实就是指:你的挥杆有多快。挥杆越快,球飞行得就越远,

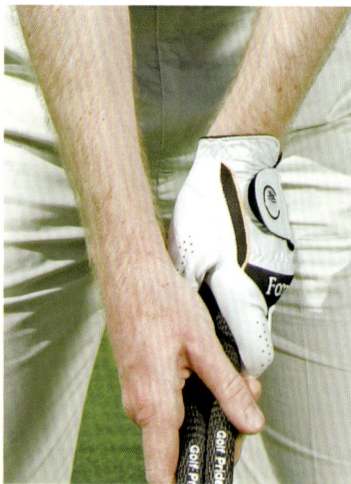

重量球杆

试着同时挥动两个球杆。虽然附加的重量会增加你自如挥杆的难度,但是要强迫自己尽可能多做。然后再挥动一个球杆,你会觉得挥杆更加轻松容易。许多教练都在训练包里多放一个重量球杆来帮助进行此项练习。

轻量球杆

另外一种练习方式就是用错误的方法持拿球杆。紧紧抓住杆头,挥动球杆,你就会感觉是在挥动一个非常轻的球杆。快速挥动,当握杆从空中抽动时就会发出"嗖"的声音。用这种方法来提高你的速度,使抽动的声音越来越大。

尼克·普莱斯凭借他有名的快速挥杆夺得了1994年英国公开赛和美国职业高尔夫球赛的桂冠，并于当年升至世界第一的位置。他挥杆神速、动作有效而且控制力强，所以几乎没有移动的部分，这就是说他在压力之下不会出现大错。

1 在距离球身60厘米（2英尺）处开始挥杆。像以前一样瞄球，但是要让杆头离开地面，而且置于球前。

2 从这个位置向后自如地挥杆至上杆顶点。随着杆头移至球前，你会在转身上杆时积攒更多的动力——由于球杆要上升更远的距离，你自然会产生更大的速度。下杆时还会重复这一速度，也就会将球击出更远。

专家提示

挥杆速度不仅仅来自于加大挥杆的力量，还取决于灵活性。有力和灵活是高尔夫球手最基本的特征。虽然约翰·达利（John Daly）和科林·蒙格马利（Colin Montgomerie）不被看做是最好的球员，但是他们的柔韧性却是极其出众的。他们能摸到自己的脚趾并使身体摆出超乎寻常的姿势。这就是他们的天赋。

送杆

科林·蒙格马利（Colin Montgomerie）已经8次位居欧洲巡回赛排行榜的榜首，其中包括1993年～1999年的7连冠。他那轻松、有韵律的挥杆，加之独特的收杆动作是他人无法效仿的技巧之一，但是隐藏其后的许多基础技巧还是适用于每个人的。

Colin Montgomerie
科林·蒙格马利

国籍：苏格兰
生于：1963年6月23日
辉煌战绩：

英国公开赛亚军　2005
美国公开赛亚军　1994、1997
美国职业高尔夫球锦标赛亚军　1995
莱德杯高尔夫球赛　1991、1993、1995、1997、1999、2002、2004

科林·蒙格马利是欧洲最著名的高尔夫球员之一。尽管缺少大满贯的头衔，但是由于其在高尔夫球场的突出成绩以及在场外友善谦和的举止，他为自己赢得了莫大的尊重。他最大的成就是在莱德杯高尔夫球赛取得的，在此赛事中他从未在单打比赛中被击败。2004年，他在决定胜负的一洞中推杆入洞，最终夺得胜利。2003年赛季后，他便状态低迷。之后，他在2005年初渴望重新获得世界排名，为自己制定了远大的目标，并且令人惊讶地第八次占据了欧巡赛排行榜冠军宝座。此后，他又在圣安德鲁斯举行的公开赛中紧追老虎伍兹，名列第二。他也参与了很多球场之外的项目，曾从事过场地设计，还加入了坦伯利的教练研究院，这个学院位于皇家吐伦球场附近，而皇家吐伦球场正是他的父亲曾任职的地方，也是他第一次学习高尔夫的地方。

如何跟从蒙格马利的送杆

科林·蒙格马利挥杆独特，对于普通人来说是难以复制的。它的节奏感很强，很适于观看，但是技术上又很特别。然而，对他来说，这种挥杆动作是可重复、可控制的。他独特的收杆动作中有些小秘诀是我们可以学习的。

1 不要击打球身，而是要挥杆击球。如果你只是击打球身，那就说明你挥杆时过多使用了手和臂。蒙格马利在击球瞬间只将身体重量的75%放于左侧，然后在收杆动作结束之前再让剩余的身体重量随即跟上。他说直到送杆结束他才"完成"击球过程。

2 挥杆时要注意你的上杆动作。当蒙格马利在上杆中将后背转向目标时，他是为了在送杆时将胸部转向目标。上杆时左臂横过胸前，送杆时右臂横过胸前。

3 要演练出良好的收杆动作，以利于自己更加自然地找到那个平衡而又有力的姿势。伪造良好的收杆动作是很困难的。如果你的挥杆动作不理想，双手位于头下，你就会失去平衡，或者在击球时被绊倒（如图所示）。

为有力的收杆进行练习

蒙格马利会依照以下4种挥杆意念进行挥杆：向后缓慢而又低位地挥杆；完全上杆；随着臀部的移动而开始向下挥杆；达到全平衡收杆。这一简单的建议适用于任何人。心里要想着进行有力的收杆，你就可以实现完美击球。

专家提示

在送杆过程中释放双手是很重要的，那就意味着在击打及送杆时前臂和手腕要产生转动。你会为其所带来的附加力量而感到惊讶。这是整个挥杆过程中你的手臂能够完全伸展的唯一时刻，所以要让双手释放出来，尽情享受这一流畅的过程吧。

开球战术

Annika Sorenstam

安妮卡·索伦丝坦

国籍：瑞典
生于：1970年10月9日
辉煌战绩：

纳贝斯克锦标赛冠军　2001、2002、2005

女子职业高尔夫球锦标赛冠军　2003、2004、2005

美国女子公开赛冠军　1995、1996

维它比克斯女子英国公开赛冠军　2003

索尔海姆杯高尔夫球赛　1994、1996、1998、2000、2003、2005

在经过一段辉煌的业余高尔夫球员生涯之后，安妮卡·索伦丝坦于1992年正式转为职业球员，并在1995年和1996年的美国女子职业高尔夫球锦标赛上赢得了她最早的两次大赛冠军。但是她并没有满足于此。安妮卡想要成为天下无敌的高尔夫球手。在20世纪90年代末，她在体育场和高尔夫练习场进行比以往更大强度的练习，最终成为了一名力量型高尔夫球员。她在一次单场比赛中打出了59杆的惊人成绩，创下女子最低单轮纪录。之后，安妮卡又继续参加了七次大赛，并在接下来的五年里夺得大满贯——但她似乎没有就此罢休。2003年，她成为首位被邀请参加男子高尔夫球职业巡回赛的女性高尔夫球员。虽然安妮卡没能成功晋级，但是她却为女子与男球手同台竞技开辟了道路。

如何提高开球战术

安妮卡·索伦丝坦（Annika Sorenstam）很少会出错，这是因为她是一位非常有思想的球员，开球的打法非常聪明。她只打有把握的球，绝不会冒险，也不会被球场任何诱惑所吸引。她的每次击球都是为下次击球设定最好的位置而做的准备。

1 开球时，在距目标一定距离处选择一点。看着某一树枝或是在沙坑中的痕迹；不要选择整棵树或是整个沙坑作为目标线。如果你与某一点相差20%的话，那说明你状态还不错；但如果你与整个目标相差20%，则说明你有麻烦了。

2 如果要打的球洞右侧正好有个水坑，或者左侧刚好有树林障碍区，那么就在障碍物的同一侧的球梯上架球，这样你就可以将困难迎刃而解。不要站在发球台的对面，以胆怯的心理去看待这一险境，因为这样你就会被它击倒。利用球梯的整个宽度来发挥自己的优势。

安妮卡·索伦丝坦在女子高尔夫领域的地位恰如老虎伍兹在男子高尔夫领域的地位一样，一统天下。她技术全面、表现稳定，并且远远超出了其同时代的其他球员。所以人们很难说出她的哪一点更加出色。她从未失误过。

3 心里先不要考虑入洞的问题。想一想在果岭的哪个位置你能够打出博蒂（低于标准杆一杆），然后再想想球道上的哪个位置最合适。将球置于球梯上，使用能够助你一臂之力的球杆。要为了那个位置而击球，而不是那段距离。

4 有时候发球区标记并不在一条线上，这就会将你引入非球道方向的不平地或树林。暂时不要考虑左手发球区标记，将球梯置于贴近右侧发球区标记的地方——这样你能用右眼的余光看到它。然后在挥杆之前，想象左侧发球区标记就是正确的位置。

专家提示

为每次击球入洞制定好计划是获得低杆数所必要的。而更重要的则是要执行这一计划。当你觉得某一球洞的情况要求击球的力量较大，从而需要使用铁杆时，就不要冒险抽出1号木杆。

应对压力

Jack Nicklaus
杰克·尼克劳斯

国籍：美国
生于：1940年1月21日
辉煌战绩：
英国公开赛冠军　1966、1970、1978
美国高尔夫大师赛冠军　1963、1965、1966、
1972、1975、1986
美国高开赛冠军　1962、1967、1972、1980
美国职业高尔夫球锦标赛冠军　1963、1971、
1973、1975、1980
莱德杯高尔夫球赛　1969、1971、1973、1975、
1977、1981、1983（队长）、1987（队长）

杰克·尼克劳斯是最伟大的高尔夫球员之一。他在20世纪六七十年代一直统领着四大赛事，共获得18次冠军，加上后来的共有19次。他是第一位力量型高尔夫球手，击球路线又长又直，并且拥有高度聚集的力量和无情的竞争气质。早年时，他就作为体育界的国王从阿诺·庞玛（Arnold Palmer）手里偷走了桂冠，而两者在杰克早期职业生涯期间的竞争则成为了体育界的持久战之一。他们与黑骑士加里·皮亚（Gary Player）的三人组将体育从兴趣转变成一种商业实体。而杰克的成就并不局限于他在四大赛事的辉煌成绩。无论阿诺将魔力和兴奋带到哪里，杰克都会带来顽强的竞争、力量和对成功难以抑制的渴望——他的最后一次大赛胜利是在1986年46岁时，美国高尔夫球大师赛的成功。

如何跟随杰克进行挥杆前的准备动作

杰克·尼克劳斯（Jack Nicklaus）打高尔夫的绝招就是他在应对压力时从容不迫的能力。这是因为他稳定而又简单的挥杆前准备动作。由于这一准备动作从未改变过，他的身体总是知道在做什么。绝不能低估挥杆前准备动作的重要性，它使整个身体事先为获取胜利做准备。

1 每次击球之前，先站在球后想象它的飞行，想象它在空中曲线飞行，然后落在理想的位置上。杰克的想象能力会为他预留出时间，他在对自己的想法进行清晰的内心勾画之前是绝不会击球的。

2 在目标与球前一米的某一点之间想像一条线——想像自己与185米（200码）之内的某样东西位于一条线上会简单些。这一点可以是一块草皮或草地上的一个标记，但它一定要与球和目标在一条线上。

　　杰克·尼克劳斯在20世纪70年代的高尔夫球公开赛的延长赛中站到了第18个球梯前。他需要击败道格·桑德斯（Doug Sanders）。桑德斯在前日的比赛中错失1米（3英尺）推杆，最终失去了夺冠机会。这一错误导致双方进入了加时赛。杰克镇定自若地脱掉了外衣开始准备动作，然后将球击入第18个果岭，从而取得了最终胜利。

3 将杆头置于球后，与既定的那点位于一条线上。在调整之前先练习几次挥杆以便找到击球的感觉。对于杰克来说，关键的一点就是在调整身体、肩部和双脚姿势之前，杆头一定要指向目标。

4 然后，杰克会做和平常一样多的摇摆和挥杆。每次击球的准备时间都要是一样的。当你面临压力时，挥杆前的准备动作是你熟悉而又值得信任的，它会帮助你消除紧张情绪。每次的准备动作都要保持一样。

专家提示

　　在练习中也要有挥杆前的准备动作。每次都进行准备动作，这样它就会变成你挥杆的一种习惯。当完成这一阶段的练习后，你会发现丢掉这一简单步骤反而会觉得很不自在。绝不要匆忙而草率地击出一堆球，那样只能浪费时间。

应对压力　　49

场上
战术

尽管杰克·尼克劳斯（Jack Nicklaus）在面临压力时仍旧进行强力击球，而且具有坚忍不拔的精神，但是他在比赛中最突出的强势却是他在场上的战术能力。实况播音员说杰克可能出现过糟糕的击球，但绝不会出现误击。他总是绝对专注的。

Jack Nicklaus
杰克·尼克劳斯

国籍：美国
生于：1940年1月21日
辉煌战绩：
英国公开赛冠军　1966、1970、1978
美国高尔夫大师赛冠军　1963、1965、1966、1972、1975、1986
美国公开赛冠军　1962、1967、1972、1980
美国职业高尔夫球锦标赛冠军　1963、1971、1973、1975、1980
莱德杯高尔夫球赛　1969、1971、1973、1975、1977、1981、1983（队长）、1987（队长）

杰克·尼克劳斯参加过6次莱德杯球赛，而且在1983年和1987年还担任了队长；他仅仅错过了3次比赛。这一赛事中最让人记忆犹新的是1969年杰克在第18个果岭让步于托尼·杰克林（Tony Jacklin）的短推杆，从而使比赛的总分持平。这对兄弟相互搭着肩离开了果岭。当他的事业出现下滑时，杰克经常参加常青巡回赛，并赢得了10次冠军，其中包括8次常青赛。2005年在圣·安德鲁斯举办的高尔夫球公开锦标赛上他表情激动，因为这是他曾经两度摘夺桂冠的地方，在这之后他宣布退出了高尔夫竞技场。虽然杰克退出了球坛，但他仍然是高尔夫领域的一位重要人物。

如何决定你的场上战术

杰克·尼克劳斯无论是比赛规划还是技战术都很出色。他的胜利更多的是靠自己良好的心理素质，而不是肌肉力量而取得的，他的对手都了解这一点。他在比赛场上的心理状态非常稳定，与他对战的其他高尔夫球员也就只能位居第二位了。

1 移动球杆之前的最后一个想法就是构思一幅图画。在心里想象击球的形式、轨道和结果，还要感受这一过程。杰克将这一步骤纳入自己的技巧。"如果我想缓慢地挥杆，我的最后一个想法并不是'缓慢挥杆'，而是对于缓慢挥杆的一种想象。"

2 接近果岭时，要多用一个球杆，不管是3杆洞的第二杆还是开球。不要使用需要完美击球才能到达目的地的球杆。杰克估算自己最好的一场也只能有3次或4次完美击球。这就意味着你不可能使每个铁杆击球都很完美。

3 要想应对水坑或是防止出界，就要瞄向这一麻烦区，让球越过此区域而安全落地；或者直接瞄向麻烦区之外的安全地带，然后将球击向此点。如果你已经打得不错了，那就瞄向障碍区，让球越过此区安全着地；否则，击球时就要完全远离障碍区。

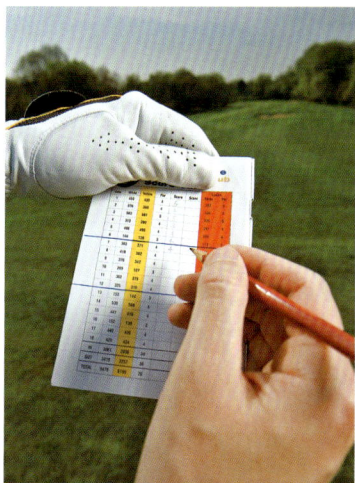

4 要想成功应对一场比杆赛，需要将整场比赛分成可掌控的几段——比如说3个6杆洞——每段比赛都要为自己设定目标。这会使你更容易忘记困难，也不会因为一记漂亮的入洞而忘乎所以。你需要使自己从这一情形中脱离出来，以便于控制整场比赛，要单独去应对每次击球——将它们隔离开。

> **专家提示**
>
> 如果你在两个球杆之间犹豫不决，那就选用那个较短的铁杆，从而进行有攻击性的挥杆。如果你选用了长铁杆，挥杆更轻松，你很可能会犹豫不决，进而在挥杆时减速，从而造成击球效果不好。这是一项需要严格遵守的重要规则，而且适用于多数情形。心里总是要想着击球的最佳落球点。

球道木杆和长铁杆

当老虎伍兹夺得了2000年高尔夫球公开锦标赛的桂冠时，他就成为了获得四大赛事大满贯的第五位也是最年轻的一位球员。他在比赛中没有遇到一个沙坑，而最精彩的一击则是第三局时，在标准杆为5杆的第14洞的265米（290码）的球道木杆击球。这一击使得他成功拿下博蒂。而这制胜的一杆充分展示了老虎稳定的技巧。

Tiger woods
泰格·伍兹

国籍： 美国
生于： 1975年12月30日
辉煌战绩：
英国公开赛冠军　2000、2005、2006
美国高尔夫大师赛冠军　1997、2001、2002、2005
美国公开赛冠军　2000、2002
美国职业高尔夫球锦标赛冠军　1999、2000、2006
莱德杯高尔夫球赛　1997、1999、2002、2004

老虎伍兹在30岁生日之前就赢得了10次大赛冠军——一个甚至是杰克·尼克劳斯都无法超越的纪录。人们对老虎统领地位的期待非常高，在曾经被报道衰落的2003赛季，他仍然夺得了5次冠军头衔，并赚得了美国职业高尔夫球巡回赛的大笔奖金。他的成就源于其非凡的本领，那是一种与生俱来的超人般的柔韧性和可畏的力量。老虎在压力之下能速战速决、泰然自若，尤其是当他面对3米（20英尺）推杆时更是稳健从容。总之，他已经在职业高尔夫领域竖起了一面旗帜，其他世人都在全力追随着这位巨人。

如何进行球道击球

老虎伍兹强大的力量帮助他在5杆洞获得很好的分数。这多半是由于他使用球道木杆时所展现出来的自信而又进取的能力，他使用球道木杆的威慑力甚强，有时其击球距离能超出1号木杆达几米之远。伍兹说球道木杆的利用恰如使用1号球杆一样重要。

1 将球放于体前左脚跟的延长线处。身体稍微转离目标，以确保在强劲挥杆时，你始终站在球后。如果使用的是1号木杆，你要瞄向目标的左侧，因为球很可能会向右侧偏离。

2 要是用球道木杆或是长铁杆击球，就要将球杆慢慢移到身后下方，并指向地面。伍兹主要考虑的就是挥杆宽度，然后确保他完成了上杆，尽可能地转动肩部以使得后背指向目标。

3 确保挥杆的底部就是球所在位置。在老虎看来，平稳触球是释放挥杆力量的关键。在触球时要试着完全伸展手臂，这样你就能在挥杆的最低点将球击离草皮，而不是向下击打。

4 充满自信地挥动长铁杆和球道木杆，就像它们是短铁杆一样。像挥动7号铁杆一样来挥动3号铁杆，你就会很自然地利用多出来的那段杆身和结构变化来将球扫离地表，而不会掀起草皮。你无须猛力挥杆或试图帮助空中飞行的球。

专家提示

如果你觉得使用长铁杆或是球道木杆有些费力，那就在背包里带一个援救球杆。它是一种混合型球杆，一半是木制的，另一半是铁质的，便于在凸凹不平或是球道处使用，它会带给你和长铁杆一样的击球距离，而同时又能保持短铁杆的良好控制性。

成功的短铁杆

1999年，葛瑞·诺曼（Greg Norman）、大卫·拉夫三世（Davis Love III）及乔瑟玛利亚·欧拉查宝（Jose Maria Olazabal）正在美国大师杯高尔夫球赛的最后一天攻打后9个洞。大卫在乔瑟玛利亚的前一组，在标准杆为3杆的第16洞，他以不可思议地起扑球获得博蒂，全场观众为市国球员的胜利而高声欢呼。乔瑟玛利亚绷住神经，用其独一无二的铁杆击出1.2米（4英尺）的距离，推杆进洞，确立了他两杆领先的优势，从而获得了他的第二个大赛，也是第二次大师杯的胜利。

Jose Maria Olazabal
乔瑟玛利亚·欧拉查宝

国籍：西班牙
生于：1966年2月5日
辉煌战绩：
美国高尔夫大师赛冠军　1994、1999
莱德杯高尔夫球赛　1987、1989、1991、1993、1997、1999

乔瑟玛利亚·欧拉查宝在赢得1999年美国大师杯之前的几年里战胜了很多逆境。1995年，他由于脚痛不得不退出了莱德杯赛。后来，他甚至卧床不起。乔瑟玛利亚最终接受了一位德国医生的治疗，这位医生重新诊断为双脚风湿性关节炎，并且对其进行治疗，帮助他在18个月内重返高尔夫赛场。两年后，乔瑟玛利亚夺得了他的第二个大赛冠军。这位伟大的铁杆球员与塞弗·巴勒斯特罗斯（Seve Ballesteros）成为了莱德杯最成功的合伙人，并一起赢得了11场比赛。自从1985年转为职业球员之后，他已经获得了22次欧洲巡回赛的冠军称号。乔瑟玛利亚以他灵活的击球方式和精湛的推杆技术而深受人们喜爱。

如何精确地使用铁杆

乔瑟玛利亚·欧拉查宝的短铁杆打法之所以出众是源于其对挥杆控制的牢固性、最小幅度的下身动作以及对球身后部的猛力击打。模仿这些会有助于你提高使用短铁杆的连贯性。乔瑟玛利亚要与反向的重量迁移进行抗争，这在使用铁杆时会有所帮助，但是通常情况下最好避免这种打法。

1 身体正常站位，将球杆置于肩后，双手握住球杆两侧，然后双膝弯曲。这一步和下一步就是乔瑟玛利亚克服左撇转问题时所进行的练习方式。当身体重量在挥杆过程中出现轻微偏差，比如回身时转向左侧，那么就可以通过这种作用力使它作用于右侧。

2 围绕脊柱旋转上半身，这样球杆就转成了90°（或尽你可能转动）并指向你的右脚尖。要确保身体重量在右侧，这对于上杆顶点来讲是一个良好而有力的姿势。如果你的右膝已经保持弯曲了，那么你的身体重量应该自动转向右侧。

夹毛巾

把一包毛巾稳固置于右臂下。然后进行击球练习，在挥杆时要保持毛巾不动，只在击球时让它落下。这会强迫你自己保持手臂贴紧身体，有助于上身与下身的连接。

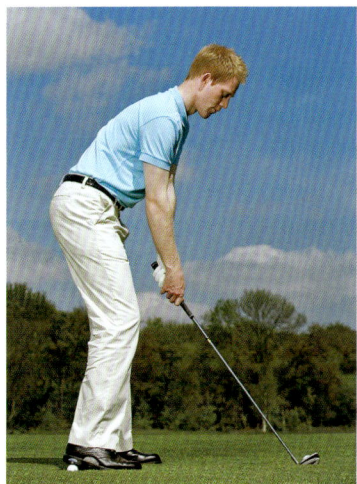

压球

将球置于右脚跟下面，轻轻将其压入地面，这样它就不会滚动了。然后屈膝，挥杆击球。这种练习会强迫练习者弯曲右膝，保持脊柱前倾，还有助于你随球进行重心转移。

> **专家提示**
>
> 你需要了解自己每次用铁杆击球的距离。来到球场，先热热身，然后用每个球杆击出20个球。分别去除每个球杆击出的最好和最差的5个球，然后算出剩余10个球的平均距离。用包里的所有球杆都做一遍这种练习。将这一知识应用于球场上，不要去想："如果我真能击中的话，那么用7号杆就能打到那里。"你得用6号杆才行。

球道
战术

莱利银行高尔夫挑战赛并不是一年中最重要的锦标赛，但是2005年莱利银行高尔夫挑战赛中吉姆·福瑞克（Jim Furyk）的胜利却是对此项赛事的一次很好的总结。最后一洞时，他差一个标准杆就会胜出，但是一个柏忌（比标准杆多一杆）却将他置于与达伦·克拉克（Darren Clarke）和亚当·斯科特（Adam Scott）并列的位置。恢复平静后，吉姆在第二个加赛洞切击获得博蒂，并夺得了最终的胜利。正是吉姆的聪明处理才使得其夺得桂冠。

Jim Furyk
吉姆·福瑞克

国籍： 美国
生于： 1970年5月12日
辉煌战绩：
美国高尔夫大师赛冠军　2003
莱德杯高尔夫球赛　1997、1999、2002、2004

在美国，吉姆·福瑞克并不是最富魅力的高尔夫球员，但却是最成功的球员之一。他稳健的打球方式和良好的球场战术使他稳坐世界前10的宝座。如果不是在2004年赛季中受伤，他本可名列前5名。别忘了吉姆的挥杆技术：在顶点处的大幅度旋转引发了撞击时强大的击球力量。但是，吉姆并没有因为这一技术而拥有其他球员那样远的击球距离。所以他只能依靠顽强的意志和刻苦的练习。他已经在美国职业高尔夫球巡回赛上捧得了9次冠军奖杯，而且成为了高水平赛事上一种持续的威胁力。在赢得2003年美国公开赛之前，他就已经12次名列前10名。他总是能坚持到最后，他或者比对手更具耐力，或者使比赛在最后一天才进入后9洞。

如何采用更好的球道战术

　　吉姆·福瑞克在赛场上所呈现出来的巧妙战术和丰富知识使他成为了一个强劲的对手。他和自己进行比赛，以确保他最差的击球并不是那么糟糕，当别人出错时他就获益了。下面的四项建议会有利于你进行更好的准备和处理。

1 要确保球不会成为死球，只要球没有坏掉，你就可以得分——最差也是个柏忌。吉姆会固执地坚持不用球梯，而且有时为了安全起见还会将球梯收起来。其结果是他保持了自己的打球节奏，他的镇定自如使他从不会将球击入小溪。

2 在一个或两柏忌之后要想恢复镇定，就要从下个球梯开始使用能让自己更自信的球杆，即使它可能会留下更长的击球距离。这是一个恢复平静心态的好机会。吉姆总是认真地对待每次挥杆。击球状态好时要继续保持，这就犹如应对糟糕球洞时不要慌张一样。

3 开球之前先去练习场，在心里勾画一下第1洞的开球。使用你选定的球杆从球梯处击球，然后进行第2洞的开球。重复这一过程，你就会完成整场的开球练习。一个好的开始意味着你正在创造高分，而不是扳回以前的失分。

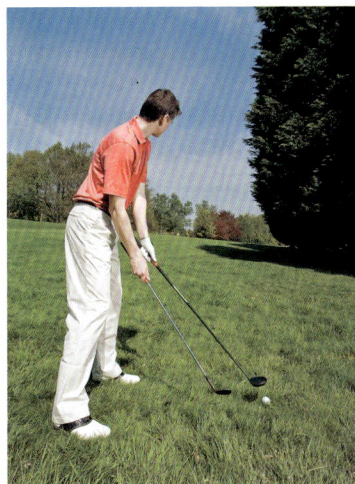

4 如果你正处于凸凹不平的地面，而且还想要进行英雄一击，你得想象你有十分之几的机会能将其攻下。有七成的把握吗？如果有的话，就值得一试。如果少于七成，那就把5号木杆放回包里，将球击到安全的地方。这一简单的规则会有防止你将不利形势转变为惨重损失。

> **专家提示**
>
> 　　职业高尔夫球员无须改变挥杆方式，仅经过仔细选择球杆并应用简单的球场技巧，他们就能将中等水平的球员的杆数至少减少5杆。向当地的职业球员学习并请教正确的击球方法是非常值得的。你会了解到自己曾经犯过的所有错误。

劈起球的基本要领

在20世纪90年代中期最大的锦标赛上，汤姆·里曼（Tom Lehman）以其饱满的情绪和良好的发挥赢得了仅仅为期一周的世界第一。这位纯粹的美国职业高尔夫球巡回赛的职业球员经过刻苦练习和简单而重复的技巧逼迫自己升至这一位置。他曾经在英国皇家莱辛球场举行的公开锦标赛上夺得冠军，"要想在球场上夺冠，你就得在90米（100码）之内控好球"，这是他的一次，也是唯一一次大满贯的决定性因素。

Tom Lehman

汤姆·里曼

国籍：美国
生于：1959年3月7日
辉煌战绩：
英国公开赛冠军　1996
莱德杯高尔夫球赛　1995、1997、1999、2006（任队长）

汤姆·里曼曾经花费了很多年来学习怎样取胜，也是经过许多年才获得了美国卫星巡回赛的参赛资格，他最终在1996年的公开锦标赛中成就大器。他曾经参与1994年的美国大师赛及1995年和1996年的美国公开赛。汤姆一直刻苦地练习着那简单而又独特的挥杆，也一直力图保持其挥杆的连贯性和重复性，但是却仅仅获得了5次美国职业高尔夫球巡回赛的冠军（包括那次大满贯）。汤姆是一名骄傲的基督教徒，他将自己的成功及在巡回赛中的成就归功于他的婚姻，在人们眼中，他是巡回赛上一名轻松自在的高尔夫球员。汤姆在2006年被选为莱德杯球赛的美国队队长。

如何打好劈起球

简单、重复的挥杆动作无须复杂的技巧。这正是里曼带到赛场上的技巧，也是他在90米（100码）之内如此强壮的原因。由于他打劈起球时非常轻松，几乎不会出现身体移动，所以他能从距离上去"感知"击球。

1 瞄球时以目标左侧为目的地，给自己足够的空间来挥动手臂击球，但是要保持杆头直接指向目标。保持良好、稳固的姿势，后背挺直、双膝微弯曲。肩部放松，保持灵活柔韧，不要僵硬。

2 击球之前，球杆要稍微离开地面或者轻轻地置于草皮上。所以你就得轻柔地握住球杆，这样只是增加击球的感觉。它有利于你释放紧张情绪。

3 将球置于双脚之间偏后侧，这样它就位于你的右脚处。你应该向下击打球身，先击到球然后触到草皮。双手自然下垂，置于球前；在挥杆过程中双手应该位于球杆前部。双脚分开，与肩同宽，以减少下身的移动。

4 在准备劈起球时，常见的错误就是采用与全力击球相似的方式——用手握住球杆顶部，同时双脚又张开太宽。如果这样打球，你就会失去击球的感觉，同时下半身动作又会过多，进而导致击打减速。所以，不要与目标平行站立，一定要让双脚离得稍近一些。

专家提示

打劈起球时要压住球杆，以便增加击球的感觉和对其的控制。使用传统的球杆（反过来拿，重叠式握杆法），轻柔地持杆，试着去感觉击球的距离。在90米（100码）之内，凭借固有的感知力和直觉进行判断，保持头脑清醒、排除杂念，想象球在空中飞行到某一合适的距离然后就近落下。

劈起球挥杆

达伦·克拉克（Darren Clarke）是现代欧洲高尔夫球坛最具影响力的名字之一，也是唯一一位赢得世界高尔夫锦标赛的欧洲球员。在北爱尔兰的林克斯球场学习打高尔夫之后，达伦已经拥有简单、有效的挥杆技巧，这一技巧在90米（100码）之内尤为见效。

Darren Clarke
达伦·克拉克

国籍: 北爱尔兰
生于: 1968年8月14日
辉煌战绩:
莱德杯高尔夫球赛 1997、1999、2002、2004

达伦·克拉克是一位快节奏、进攻型的高尔夫球员，他在球场上很少吸烟，很少笑，也很少和同伴们开玩笑。他极富天分，虽说有几次的分数很接近，但是令人不解的是他始终未能成功拿下大满贯。他最难以磨灭的成绩就是在2000年的世界高尔夫球锦标赛——埃森哲世界比洞赛的决赛中击败了老虎伍兹，荣登冠军宝座；2003年，当他问鼎NEC邀请赛时，他便成为了唯一一位（而不是老虎伍兹）两次夺得世界高尔夫球锦标赛冠军的球员。在1999年的欧洲公开赛上，达伦第二次打出60杆的好成绩，这之前他曾经在1992年的欧洲蒙特卡洛公开赛打出60杆，从而成为了唯一一位两次打出60杆的欧洲球员。尽管达伦拥有不容置疑的天赋和击球能力，但是他在欧洲巡回赛中只取得过九次冠军，国外的荣誉就更少了。

如何击出完美的劈起球

学习打劈起球时，达伦·克拉克就是一位值得我们关注的球员，其原因在于他挥杆的简易性。他身体几乎不动，主要依靠肩部和手部猛力击球，通过良好的控制和加转来保证球在风中低位飞行，而且具有可控性。

1 双脚的距离要比通常近一些，以便确立一个良好的瞄球位置。然后压低握把，这样你就能只借助手臂和肩部来稳健挥杆，从而保持良好的状态。下身保持静止平稳。正确调整身体姿势，以便于更加容易地进行瞄球。

2 为了做出具有攻击性的推击动作，你需要手握球杆向后牵引并旋转上半身，从而使后背面向目标。杆速保持一致，用上杆的长度来控制击球。了解不同的上杆击出的劈起球有多远，这样你就可以在需要时采用正确的击球方式。

3 从身后的位置开始向下挥杆，并将球杆挥至球后，尽量减少下半身的动作幅度。想象你正在随球旋转身体，从背向目标到面向目标。确保在球后加速，使得击球具有进攻性。

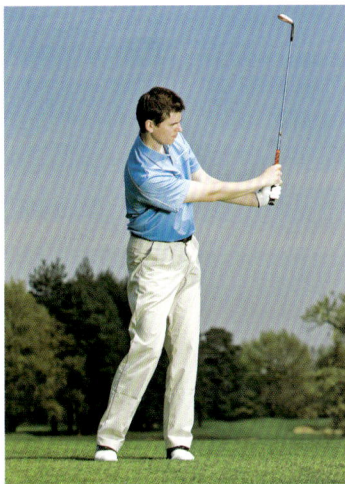

4 挥杆结束时，双手所挥出的距离要与其在上杆时的距离保持一致。如果在上杆时你的双手停在与腰同高的位置，那么挥杆结束时双手就还要停至与腰同高。刻意地让自己的双手停留在适当的位置有利于进行积极地击球，并加快击球速度，避免击球未中。

专家提示

到球场上练习用不同的球杆打劈起球。杆面斜度越大，球飞得越高；而在强风中打劈起球的最好选择应该是稍长些的球杆。通过混合和搭配使用球杆来练习控制球的飞行和距离。经过这种练习，你就会发现多种实用的击球方式。

逃离
不平之地

Arnold Palmer
阿诺·庞玛

国籍：美国
生于：1929年9月10日
辉煌战绩：
美国高尔夫大师赛冠军　1958、1960、
1962、1964
英国公开赛冠军　1961、1962
美国公开赛冠军　1960
莱德杯高尔夫球赛　1961、1963（队长）、1967、1971、1973、1975（不上场参赛的队长）

阿诺·庞玛努力地从事着高尔夫事业，就像顽强地与生活困境抗争一样。这位魅力超凡、充满激情的高尔夫球员的首次大满贯诞生于1958年美国大师杯高尔夫球赛——从20世纪60年代起便成为它的个人锦标赛表演。他共赢得过92次职业球赛的冠军，其中包括62次美国职业高尔夫球巡回赛。他最辉煌的一次胜利是20世纪60年代在丹佛樱桃山乡村俱乐部赢得美国公开赛冠军，他最后一场比赛，在落后7杆的不利情况下反败为胜，此纪录也奠定了他在高尔夫球界的地位。当阿诺处于事业巅峰期时，他还和他的商业经理人马克·麦考马克（Mark McCormack）在世界不同地区共同创建了很多组织，开展各种业务，既有球场设计，又有航空飞行，这些商业活动也使得阿诺位于全球薪酬最高的球员之列。阿诺以高尔夫领域最友善的面孔之一而著称，他经常与球迷、商人们一起分享快乐。

如何逃离凸凹不平之地

阿诺·庞玛（Arnold Palmer）的击球非常凶猛，当你想要逃离不平之地时，这种击球会给你很大帮助。有力的手腕和前臂会有助于你从难缠的草地上将球切击出去，就像它们曾经对阿诺的帮助一样。他建议高尔夫球员要避免击球时野心太大。在凸凹不平的地面上使用球道木杆和长铁杆是没有意义的。

1 在右脚跟的延长线上瞄球。双脚张开，比通常的宽度稍大些，这样可以使你站得更稳。然后将中铁杆（不能超过这个长度）的握杆稍微放低。

2 向上挥杆，要比通常稍微陡一些，以免在上杆时打到草地上，也便于陡直式切球。此外，挥杆基本要与通常一样，因为你并不想使自己的基础技巧有太大的改变。

阿诺·庞玛是第一位高尔夫巨星——他的每一届比赛都受到众多球迷的支持与追捧。他打高尔夫球时充满热情、风格独特、进攻性强，但是这些偶尔也会使他陷入困境。阿诺能够巧妙地逃离困境，或者说是在不平之地击球入果岭，这已经成为一道常见的风景。

专家提示

　　要注重现实，野心不要太大。你首先应该做的就是来到球道，或是在一个只需一击的便于掌控的位置。如果你逞能进行冲动一击的话，结果可能是比预想的还要多击几次。还记得吉姆·福瑞克的忠告吧——要不惜一切代价保证活球。

3 眼睛紧紧盯住你要击打球的部位。你要通过陡直式切球挥杆来猛力向下切击球的后部。力量才是关键。用杆头击球的底部，这样你就能将其击出麻烦地带。

4 尽管地面不平容易造成收杆不完整，但还是要试着尽可能地将杆向远处挥动。同时，身体重心尽量不要转向右侧，而是要试着使自己的右腿直接使劲下蹬。这会有助于你将杆头挥过不平的地面。

逃离不平之地

球道
沙坑击球

Sandy Lyle
桑迪·莱尔

国籍：苏格兰
生于：1958年2月9日
辉煌战绩：
英国公开赛冠军　1985
美国高尔夫大师赛冠军　1988
莱德杯高尔夫球赛　1979、1981、
1983、1985、1987

桑迪·莱尔是欧洲的"五大球星"之一，他曾经于20世纪七八十年代向美国在高尔夫的统治地位发起挑战。他的父亲就是他的教练。1985年，在皇家圣乔治球场举行的高尔夫球公开锦标赛中，他以良好的发挥赢得了冠军称号——这是自1969年托尼·杰克林（Tony Jacklin）之后首位获此殊荣的不列颠选手。这位个子高高的苏格兰人还在1988年的美国大师杯赛中夺得了令人难忘的冠军奖牌，因为最后一局他打出了一个博蒂。自从2000年以来，桑迪再次找回状态，多次在常规巡回赛和四大赛中获得前十名的成绩。他虽然不是职业领域中最具魅力的人物，但他是一位脚踏实地的高尔夫球员。桑迪也是五届莱德杯球赛的重要成员，分别赢得了1985年和1987年的桂冠。

如何进行完美的球道沙坑击球

在1988年美国大师杯球赛上，桑迪·莱尔（Sandy Lyle）能够不畏重压而打出惊人的击球，最基本的原因在于他出色的击球能力。他能够干净利落地击球，并且使球落于旗帜附近，因为他当时是世界上无可争辩的最好的球员。但是你击球时野心不要太大。

1 设定姿势对于有效击球来讲是非常重要的。要使用杆面斜度足够触及沙坑边缘的那种球杆。而且要选择比通常更长些的球杆。将球置于体前，紧握球杆。不要像在果岭旁的沙坑击球那样把脚陷入沙中。

2 向后挥杆时，下身要保持静止不动，并尽可能地保持平衡。不要担心自己的上杆是否完整——因为多出来那段球杆会弥补短挥杆的不足。保持身体平衡，并确保完美击打是很必要的。设定姿势的改变会有助于你做到这一点。

　　1988年，莱尔由于一记惊人的球道沙坑击球而赢得美国大师杯球赛冠军称号，这使得全球为之震惊。当时，他正在与马克·卡卡维查（Mark Calcavecchia）进行激烈的比赛，而且需要在第18洞拿下博蒂以锁定绿夹克。当他将球击到球道沙坑处时，几乎所有人都对他失去了信心。但是桑迪干净漂亮的一击拯救了自己：他的第7杆将球击到距洞口3米（10英尺）内的位置，然后轻松推杆入洞，从而问鼎了他的第二个大满贯。

专家提示

　　紧握球杆。此建议仅在沙坑击球时有效。牢牢地握住球杆，缩短杆头与你手臂之间的距离，这就意味着你更可能是先击到球后击到沙子。

3 击球时要加快挥杆速度。你必须要保证击球具有进攻性，挥杆时不能犹豫。要避免将沙子一同带起。你得将所有的能量用于击打球的后部，而不是沙子。

4 尽可能进行完全而自然的送杆动作。球的飞行弧度可能会比预期的低，但是多出的击球距离会弥补这一点。

将损失
最小化

Nick Faldo

尼克·费度

国籍：英格兰

生于：1957年7月18日

辉煌战绩：

英国公开赛冠军　1987、1989、1992

美国高尔夫大师赛冠军　1989、1990、1996

莱德杯高尔夫球赛　1977、1979、1981、1983、1985、1987、1989、1991、1993、1995、1997

随着尼克·费度向常青赛的靠近，他已经成为了许多富有天赋的、正在崛起的欧洲职业高尔夫球员的良师益友——最著名的是尼克·道赫蒂（Nick-Dougherty），一位有前途的英国人。费度也经营很多球场之外的生意，像球场设计、教练研究院、餐馆及葡萄园，同时他还主持费度青年系列赛—— 一个在大不列颠和爱尔兰为最好的青年球员举办的年度锦标赛。虽然尼克偶尔会创造令人难忘的一幕，比如说，2003年，在英国皇家圣乔治球举行的高尔夫公开锦标赛中他和对手八次打成平局，最终因落后本·柯蒂斯（Ben Curtis）4杆而丢掉了比赛，但是，由于他同时要兼顾球场之外的生意，尼克的高尔夫生涯就毋庸置疑会受到影响。他将会一直保持英国高尔夫偶像的角色，在球场压力与大众崇拜之间的维持着一种盛衰多变的关系。

如何将糟糕的击球最少化

仔细想想你在场上要完成的每一个球洞，勾画出每次击球的方案，还要知晓如果不得不失球，也得选择最佳的地方。这些损失控制的战术可能会让你在18洞的比赛中和以往大不相同，因为你已经通过简单的起扑球增加了拯救果岭边球的几率。

1 重新调整你的比赛计划，最坏的打算就是打出柏忌，不要害怕柏忌。任性的一击之后再去追求博蒂是毫无意义的。接受你得再击一杆的事实吧，从侧面切削击球，准备5次——而不是7次甚至更糟。

2 在果岭的右侧失球。在沙坑后果岭一侧的旗帜之间画一条明显的线，以免加大下一杆的难度。朝着果岭中心或者旗帜之外的地方击球是比较明智的选择；不要去想会留下一个难对付的沙坑，而且没有可攻的果岭。你最好打出长距离的起扑球。

所有职业高尔夫领域的顶级球员都能在90米（100码）内进行规律地击球，并且能推杆击球入洞。但正是那些失误更少的球员才能够赚得大钱。尼克·费度赢得了1987年的公开赛冠军就是因为没有人能够与他的18个连续标准杆相比，他没有出现失误，或者说他的失误没有他的对手那么糟糕。

专家提示

为自己设定一个现实的上岭目标，然后再逐渐扩展这一目标，强迫自己的比赛成绩不断提升，但是不要过度痴迷于完美击球。记住，世界上最好的高尔夫球员在一般场地的上岭率也只有13个，所以如果你只是打失了几个球，那已经算很不错了。

3 面对弯曲的球道，或是想逃离不平之地，应选择一条稳妥的路线。如果你不得不使用救援杆向一棵树处击球，要确保击向最后那棵树。如果你将最近处的树枝打得哗啦响，那球就会不见踪影，但如果你能在此路线上辨别出最后那棵树的话，那么你可能还有机会。

4 筹划击球时，要使用能够避免麻烦的球杆，即使这样可能会缩短18米（20码）的击球距离。要使用短些的球杆，以便留给挥杆足够的空间，像近距离切球那样集中精力用力击球，沿着目标线果断挥杆。

将损失最小化

不利的天气情况

如果想成为高尔夫公开赛最伟大的冠军得主之一，你就必须能够应对所有的天气情况。汤姆·沃森（Tom Watson）获得过五次公开赛冠军，包括1977年在坦伯利与杰克·尼克劳斯（Jack Nicklaus）著名的"阳光下的角斗"。即使在恶劣的天气状况下，汤姆仍然具有很强的得分能力，正是这一点使得这位真正伟大的高尔夫球员脱颖而出。

Tom Watson

汤姆·沃森

国籍： 美国

生于： 1949年9月4日

辉煌战绩：

英国公开赛冠军　1975、1977、1980、1982、1983

美国高尔夫大师赛冠军　1977、1981

美国公开赛冠军　1982

莱德杯高尔夫球赛　1977、1981、1983、1989、1993年（不上场参赛的队长）

汤姆·沃森是史上伟大的球员之一，而且还经常在常青赛上获得奖金。汤姆于1971年在美国斯坦福大学完成心理学学位后便开始其高尔夫职业生涯。四年之后，在苏格兰圣安德鲁斯举行的公开赛上，他在72洞推杆击球6米之远（20英尺），成功拿下博蒂，与澳大利亚的杰克·牛顿（Jack Newton）进入加时赛，并最终赢得了比赛的胜利。20世纪70年代末80年代初，汤姆的喇叭裤和布料帽子成为他在公开赛上的显著特征，尽管在后期出现了推杆方面的问题，但是他的竞技水平却超出了50岁的人所应具备的。当杰克·尼克劳斯于2005年的公开锦标赛上宣布退役时，汤姆却送给了这位最伟大的高尔夫对手一份最合适不过的礼物。他成功晋级并打完了所有的4场比赛。

如何克服大风障碍

汤姆·沃森在球场利用大风以及应对其他自然情况的能力使他位于现代最成功高尔夫公开赛冠军之列。在强风中保持对球的良好控制对于在海边场地打球来说是非常必要的。下面的建议能帮助你有效避免球被吹出场地情况的发生。

逆风击球

1 设定好姿势，将球置于体前，双脚的距离要比通常小一些，要使用比无风条件下同等距离所使用的稍长些的球杆。同时，放低握杆以增加控制力。风中击球的关键是不要用力过猛。

2 缩短上杆，完全送杆，从而进行轻松的挥杆。完整的收杆动作是非常必要的，确保击球时要加快速度。挥杆和杆速要尽可能保持均匀、连贯。

专家提示

借助风力，不要与之抗衡。高尔夫就是一项打得越简单越好的运动。如果风从右侧向左吹，你就要稍微瞄向目标的右侧，风会将球带回到真正的目标点。

顺风击球

1 开球时，试着借助风的力量来增加自己的优势，击出更远的距离，所以要将球梯插得比平时高些，选用杆面斜度大些的木杆——相比之下，1号木杆击球更高，而杆面斜度大的3米木杆会使球在顺风飞得更远。

2 将球置于体前，双脚分开稍大一些，这样会增加你在风中的稳定性，进行完整的挥杆，保持自然的节奏。除了瞄球姿势稍微调整之外，你不应该对平常的技巧做任何改变——只要集中精力进行完美击球就对了。

左弧球

20世纪八九十年代，如果说葛瑞·诺曼（Greg Norman）还不是一位大满贯引领者的话，那么可以说他正在向领导者的位置前进着。他拥有令人畏惧的力量和长距离的击球，所以当别人奋力拼搏时他却能轻松得分，就像他在1986年坦伯利球场的公开赛上所呈现出来的一样，面对大风的干扰，他却在第二轮打出了63杆的优异成绩，最终以5杆的优势赢得了比赛。

Greg Norman

葛瑞·诺曼

国籍： 澳大利亚
生于： 1955年2月10日
辉煌战绩：
英国公开赛冠军　1986、1993
英国公开赛亚军　1989
美国高尔夫大师赛亚军　1986、1987、1996
美国公开赛亚军　1984、1995
美国职业高尔夫球锦标赛亚军　1986、1993

葛瑞·诺曼是一位能给你带来激情的力量型高尔夫球员，他能轻松应对各种天气状况和各种球场，无论别人面对怎样的困难，他都能击球得分。他花了331周的时间才最终成为世界冠军，共赢得了20个美国职业高尔夫巡回赛的冠军头衔，还有68个其他世界范围的奖项。他的第一个大满贯诞生于1986年公开锦标赛，在这一年的每次大赛中，他都在3轮之后处于领先地位。他最著名的失分是1986年美国职业高尔夫球赛上与鲍勃·特维（Bob Tway）对抗时陷于沙坑球，其后的一年又在美国大师赛加时赛上因一个起扑球而负于不知名的拉里·迈兹（Larry Mize），从而再次与绿夹克擦肩而过。但是他最明显的一次失败是1996年的美国高尔夫球大师赛上败于尼克·费度之手，在最后一天的比赛中，葛瑞在领先6杆的优势下最终败给了尼克。

如何像葛瑞那样打左弧球

葛瑞·诺曼因其有良好的控制能力而获得了成功。他击球又直又远。但是他能在情况需要时用上背包里所有的球杆。葛瑞承认说："当我打球时，我会采用简单的方法，握杆和挥杆都不会有变化，我的左弧球和右弧球都要与击球准备保持一致。"

1 如果你想要打出左弧球的话，就要在击球准备时做好调整，而不是在挥杆时再去准备。确定你要击球的部位——就是你想要球旋转的那一点。

2 身体瞄准目标的右侧，但是要保持杆面指向目标或者球的落点。这只是一些细小的变化，瞄球的其他原则应该保持不变，包括你的握杆、站位和姿势。变化越小越好。

3 这些调整的目的就是要促使起杆沿着球与目标之间的线运行，从而形成由内向外的挥杆。身体稍微关闭，开始击球并在球上加左旋，使它从右向左呈曲线飞行。不同于击球准备时的变化，挥杆要像平常一样。

4 为了控制球转动的圈数，要改变击球准备时所调整的尺寸。你需要自右向左移动的幅度越大，就越应该向右瞄准，要保持杆面一直指向目标。左弧球会比右弧球或者直球飞行得更远，所以击此球时可以减少击球杆数。

专家提示

左弧球在很多情形下都很有用，比如说，如果你想要让球沿着弯曲的路线飞行，或者希望开球能再远出几米。还有，如果在果岭左侧的沙坑后面有一个旗杆，你就可以用左弧球让球从右侧靠近，而不必让球经过这一危险地区。

右弧球

李·特维诺（Lee Trevino）独特而又掌控良好的击球路线证明了其在海滨球场那难以抗拒的魅力，尤其是1972年在苏格兰莫里菲尔德举行的公开锦标赛上，他与托尼·杰克林（Tony Jacklin）的比赛成为历史上最壮观的战斗之一。李在17洞的近击入穴，打得尼克意志消沉，并最终成功守住了桂冠，令热情激昂的英国公众惊愕不止。

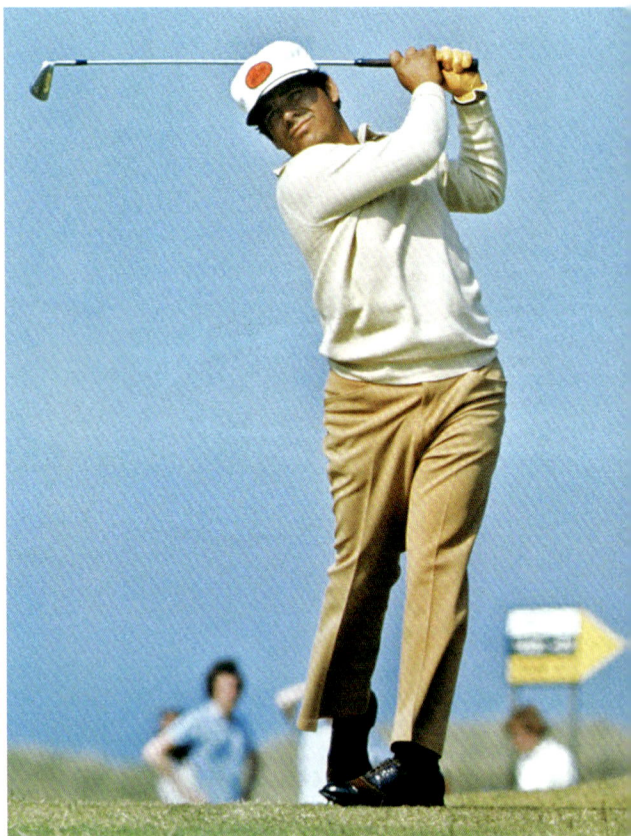

Lee Trevino
李·特维诺

国籍： 美国
生于： 1939年12月1日
辉煌战绩：
英国公开赛冠军　　1971、1972
美国公开赛冠军　　1968、1971
美国职业高尔夫球锦标赛冠军
1974、1984

李·特维诺生长在得克萨斯州的一个名叫达拉斯的贫困地区，房子后面就是一个高尔夫球场。他靠给富人们当球童赚得一些零用钱，这种生活经历为他日后面临职业高尔夫球场的压力做好了准备。他曾经说："当你的口袋里一文没有时，压力就值10元钱。"他在1966年转为职业球员，并赢得了第一个冠军头衔，1968年在美国公开赛上获得了大满贯，从而一炮走红。李在球场上善于言谈，这使得他与球迷的关系非常亲密。但奇怪的是，他的喋喋不休其实正是源于他的紧张，所以球场外的他更显其安静、内向的本质。他已经获得了4次常青赛的冠军，并于2004年宣布退役，所以他将会有更多的时间与家人一起欢度。

如何像李那样打右弧球

由于李·特维诺是自学的打球技巧，他在整个高尔夫生涯中都是从左向右击球，所以会错过个别的球道和果岭。他曾经解释说："你可以同右弧球交谈，但是左曲球则不会听你的。"他的建议是右弧球要比左弧球更容易控制，这是真的。约翰·米勒（Johnny Miller）曾说他是通过想象李的挥杆和瞄球姿势来打右弧球的，然后再模仿他的动作。

1 在打右弧球时，你要确保多带上一个球杆，因为产生的旋转力量会缩短球的飞行距离。另外，杆面斜度越小，球就越容易从左向右移动。

2 身体瞄准目标的左侧，以确保球开始沿着左侧飞行，然后渐渐趋向球道中间。

3 球杆指向你所期待的落点处。一旦你完成了这些简单的瞄球调整，你的挥杆就会很自然地从外向里切击球体，为球加上从左向右的旋转。你想要的右弧球角度越大，瞄球和身体调整的幅度也就越大。

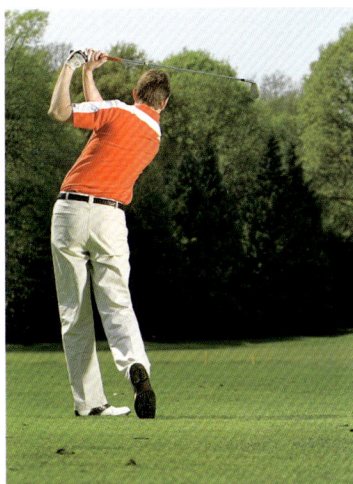

4 尽可能自然地挥杆，以确保挥杆完整。击球时的犹豫会导致左拉球，与你要达到的目标正好相反。

专家提示

许多世界最好的球员都有自己自然的击球形态，他们可以重复这一形态并享受这一过程。李的击球形态就是右弧球，杰克·尼克劳斯和科林·蒙格马利（Colin Montgomerie）也是一样。找到自己的自然形态，让它成为你的优势，开始让球沿着球道的一侧出发，然后再直接飞向球道中央。

起扑球的
基本要领

杰斯佩·帕尼维克（Jesper Parnevik）于20世纪90年代在高尔夫公开赛上稳健的表现，尤其是在1994年英国公开赛的行为使他成为了一位家喻户晓的人物——没有连贯的短击，你就不会在公开赛上取得好成绩。杰斯佩挥杆节奏很快，就像在1994年公开赛上击败他的尼克·普莱斯一样，这正反映了他在高尔夫球场上的打球风格。

Jesper Parnevik

杰斯佩·帕尼维克

国籍：瑞典
生于：1965年3月7日
辉煌战绩：
英国公开赛亚军　1994、1997
莱德杯高尔夫球赛　1997、1999、2002

　　杰斯佩·帕尼维克是最有特点的高尔夫球员之一，他总是带着上翻的帽子，很显眼的装备，并拥有神奇的击球本领。他在美国职业高尔夫球巡回赛的经历更是丰富多彩，他的大部分职业生涯都征战于此项赛事上，共荣获了5次冠军，赚得大笔奖金，也结识了很多朋友。他的父亲是瑞典著名的喜剧演员，虽然这一幽默细胞没有在杰斯佩身上得以再现，但是他却同样拥有大批深爱着他并为之疯狂的球迷。他喜欢在获胜时点燃香烟，这一特征也使得他广为人知。杰斯佩将老虎伍兹介绍给了他孩子的保姆艾琳·诺德格林（Elin Nordegren），而艾琳后来成了老虎的妻子。

怎样打起扑球

就像很多经过艰苦训练的优秀瑞典球员一样，杰斯佩·帕尼维克的基本功也非常扎实，这赋予了他在果岭附近发挥想象力和感受力的能力。简单来说，他很少失误，尤其是面临压力时。简单是起扑球的关键。

1 像全力击球那样握住球杆，但是要压低把手，这样你的手就会离金属杆身更近一些。所以能增强你对精巧击球的控制力和感受力。

2 站姿要窄，双膝微弯曲，这样会让你在击球时觉得更舒适、灵活而且稳健。不要过于僵硬，要相信自己的感觉。双脚距离更近些，靠双臂和肩部来挥杆，而下身保持不动，这对于起扑球来讲非常重要。

3 将球置于偏右脚的位置，双手垂于体前。这样有利于你向下击球。你要在向下挥杆时击到球身，先击中球，后切过草皮，这有助于你更好地控制球的飞行和加转。击球过程中要确保双手位于杆头前面。

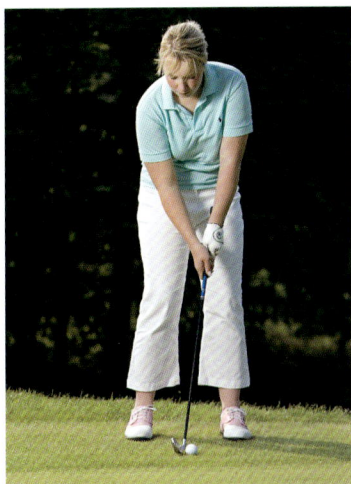

4 每次起扑球的节奏要与击球节奏相同，通过冲击来加速。上杆的长短取决于距离的远近，左手要牢牢抓住握杆。冲击瞬间要返回瞄球姿势，腿和下身保持不动。这是一个上身的击球动作。

专家提示

到练习场上用所有的球杆练习起扑球——包括木杆——你就会培养出适用不同情形的击球方式。杰斯佩想象式的高尔夫打法帮他获得了高分，还创造了博蒂的机会。他使用背包里的每个球杆以获得更近的击球。

切滚球

John Daly

约翰·达利

国籍： 美国
生于： 1966年4月28日
辉煌战绩：
英国公开赛冠军　1995
美国职业高尔夫球锦标赛冠
军　1991

约翰·达利是高尔夫领域中最具争议、也是打球最激动人心的球员。他在1991年的职业高尔夫球锦标赛上为人们所熟知。他本来将这一领域视为他的第九项储备，但却以激动人心的挥杆和力大无比的击球而击败了世界上最好的球员。而另一方面，他也因经常失误而闻名：有时他需要打很多杆才能完成一个球洞，可一旦他发挥得好，则是无人能抵。当状态奇佳时，他能在果岭上打出完美的短击并具有极好的控制力，从而增加了开球的距离。这就是他吸引观众的地方——你从来不知道他下一步又会有什么惊人之举。这位另类球员酗酒闹事，数次离婚；他曾经穷困潦倒，也曾腰缠万贯；他还出版过一张专辑（其中一曲歌名为"我的前妻都戴劳力士"）。

如何打起扑滚地球

约翰·达利（John Daly）在1995年公开赛的胜利源于其在重压之下稳定的短击，他在圣安德鲁斯球场上巧妙地利用风势，并在果岭附近娴熟地掌控击球。他打起扑滚地球时灵活而富有节奏，与众不同。他堪称击球时机掌控大师。

1 将球置于脚前——在右脚的延长线上，双手位于体前。

2 击球过程中双手要位于球杆前面，保持和其他击球方法相同的节奏，利用上杆的长度来测定球的飞行距离——上杆越长，起扑球就越远。要低些打起扑球，这样它就能在越过果岭边缘几米后停下。

虽然约翰·达利因大力击球和长打王而著称，但其实是他在果岭上和果岭附近的良好控制力使他赢得了1995年的公开锦标赛。他精湛的起扑球和丰富的想象力在老球场得以验证，由于他那无人可敌的球技使他在延长赛上击败了康斯坦蒂诺·罗卡（Costantino Rocca），最终问鼎他的第二个大满贯。

3 击球时杆头直接触球，双手轻柔地握住球杆，这样你能够感觉到击球。击球时不要犹豫或是过于紧张。作为一个身材高大、进攻性强的高尔夫球员，约翰对于击球的感受就相当明显；他轻柔地持杆，运用其良好的击球节奏和艺术技巧击出起扑滚球。

4 击球时要确保双手位于球前，杆头指向目标。让杆头的杆面斜度发挥作用；不必借助手腕力量来操纵击球的高度。保持身体稳定、静止，只是肩部用力，靠肩部的前后摆动来击球。

专家提示

估计一下自己击球的力度，站于球后，看着击球部位，想象球滚动入洞的情形。球杆就是你手臂的延伸，所以，当你击球时，要用同样的感觉将球击出合适的距离。

高抛球

如何击出完美的高抛球

如果你必须得让起扑球越过沙坑达到果岭边缘的旗帜，那你就需要使球在落地之后立刻停下来，就像菲尔·米克尔森（Phil Mickelson）在2005年美国职业高尔夫球赛上的所为一样。当没有果岭可利用时，你就无法击球入洞。面对这一情形时，如果球位适合的话，你就应该使用高抛球。

1 从背包里选择杆面斜度最合适的球杆。身体瞄向目标左侧，杆头指向准备让球落地的位置。这一瞄球姿势与果岭边沙坑的瞄球姿势相似（见86~87页）。

2 沿着身体的方向全力向后挥杆。杆头沿着身体线条的方向运动；不要瞄向目标。由于你在瞄球姿势时已经进行了动作调整，所以这一切应该很自然地形成。

菲尔·米克尔森以其激动人心的高尔夫打法而著称，尤其是他极具进攻性和想象力的短击。当面对山坡或是沙坑处18米（20英尺）的起扑球时，菲尔就会将球高高击入空中，并使其稳定落地。这是一种高风险的击球方式，但是一旦击球成功，又很富有戏剧性而且非常有效。比如说，在2005年巴特斯罗的比赛中，他在最后一洞利用其标志性的短杆高抛切球拿下博蒂，从而摘取了美国职业高尔夫球赛的桂冠。

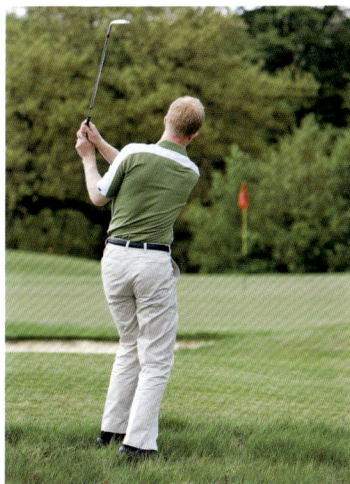

3 下杆和击球时，要穿过目标线挥杆——杆面打开，增加杆面斜度。击球时，球会迅速向上，而向前的冲力很少。对于所有的短杆击球来说，击球瞬间的加速是非常重要的。

4 挥杆要有进攻性，所以收杆动作一定要完整到位。击球时的犹豫可能会导致薄击球，使得球在果岭上急速滚动，也可能导致球向前无力地滚出几米远。如果击球成功的话，就会形成弧线高飞球，并平稳地落于旗帜附近，接下来就是短推杆的任务了。

专家提示

首先将杆面打开，然后握住握杆。如果你以其他方式来做此动作的话，就会造成击球时杆面关闭，会与你想要的目标相反。不要将击球过于科学化，但是要学会"感觉"距离，就像菲尔一样，通过自然触球，发挥你的艺术技巧。

把挖起杆当推杆使用

米克尔森的高抛切球不是唯一一种你可以用来炫耀并打动同伴的短击技巧。试着运用这一方法来援救被困之球。如果你的球停在了果岭边缘和不平地之间，采用传统的起扑球直接击球是明智之举，所以不要担心直接击球。拿出挖起杆，用杆的前缘击打球的赤道部位，这样你就不会将球高吊到空中了。采用推杆的击球和握杆方法，像使用推杆一样进行击球，用这种故意打薄的方式沿着果岭推球。你的同伴会以为你失误了，但到最后他们却不得不承认失败。

运用你的想像力

塞维·巴列斯特罗斯（Seve Ballesteros）的短击很具传奇色彩。无论情况多复杂，他都能运用其惊人的想象力让球接近目标。有很多次他似乎陷入险境，但是又神奇地逃脱出来，所以他留给大家的印象就是无须击球上球道却照旧能获得低杆数。

Seve Ballesteros

塞维·巴列斯特罗斯

国籍：西班牙
生于：1957年4月9日
辉煌战绩：
英国公开赛冠军 1979、1984、1988
美国高尔夫大师赛冠军 1980、1983
莱德杯高尔夫球赛 1979、1983、1985、1987、1989、1991、1993、1995、1997（队长）

在1976年的英国高尔夫球公开赛上，一位冲劲十足、自以为是而又胆大妄为的19岁青年在公开赛中输给了约翰·米勒（Johnny Miller）。从这时起，塞维·巴列斯特罗斯就成为了一位明星。他在1979年皇家莱辛球场举行的公开赛上以其惊人的推杆和救援杆夺得冠军——包括有名的"停车场脱险"，并获得了"停车场冠军"的美誉。之后，他又2次夺得了美国高尔夫大师赛冠军，还有2次公开赛冠军。然而，背部的病痛最终严重地影响了他的击球，进而迫使他退出高尔夫球坛多年。但是，他丰富的想象和独具特色的击球向人们昭示着他对病痛的蔑视。只要塞维拿起他的球杆，他就会再次逼近果岭。

如何打好起扑球

塞维·巴列斯特罗斯不仅生来就具有天才般的高尔夫思维，而且还不断地给其补充养分。他曾在几局比赛中都使用同一支球杆，并培养适用于不同情形的多种击球方式。他还曾故意将球置于险境，以检验自己是否能成功逃离。下面的4种方法有助于培养你的创造力。

1 将注意力从球洞转回到击球所在的位置上。塞维总是试着将球落于他所能及的果岭上最平坦的地方。这会防止球的滚动不连贯或者出现不可预知的弹跳。相对怎样将球击到山坡而言，你会对于如何将球击到果岭上平坦地方有更好的想法。

2 要了解球在不同情形下的反应，拿一桶球并将球逐一扔向球洞。将一些在空中高吊，其他的在地上滚动。然后利用果岭的等高线和水平线将球击到球洞附近。你会为自己起扑击球的不同方式而感到惊讶的。

3 练习从某处击打起扑球，但是要使用背包里不同的球杆来击打。不要害怕使用3号球杆来打高吊球。塞维曾花几个小时练习用多种球杆从不同的位置进行击球，只有这样他才能了解将要面临的所有情形。

4 要使练习轻松有趣，对所有的不可能报以微笑，然后试着去做。将塞维的方法应用于自己的练习中。这位魅力超凡的高尔夫球员总是面带微笑、目光炯炯并轻松快乐地挥杆。他的练习和比赛都充满了乐趣——这有助于他放松思想，去想那些不可思议的事情，从而去尝试一切不可能。

> **专家提示**
>
> 塞维对于培养想像力的最好建议就是只用一个球来练习。这会有助于你认真对待每次击球，把每次击球都当成是真正的比赛。你还会从球在果岭上的各种反应上有更多的收获，因为你的注意力完全集中在这个球上，而不是准备击打下一个球。

用救援杆
打起扑球

2004年，托德·汉密尔顿（Todd Hamilton）使用救援杆打出漂亮的起扑滚地球并赢得了英国公开赛的冠军。他的决胜时刻出现在与恩尼·艾尔斯（Ernie Els）的延长赛上，那时托德告别了刚愎自用的击球方式，用他的3号混合木杆夺得了最终的胜利。

Todd Hamilton
托德·汉密尔顿

国籍：美国
生于：1965年10月18日
辉煌战绩：
英国公开赛冠军　2004

托德·汉密尔顿共获得了11次日本巡回赛的冠军。可是，有谁知道，他花费了17年时间才获得了美国职业高尔夫协会巡回赛的资格，其中12年为参加亚洲巡回赛，他马不停蹄地奔波于日本、新加坡和泰国之间。直到2004年，他才首次问鼎英国公开赛冠军。他的打法稳定而保守，击球上球道，找到果岭，然后抓住机会，而且不会出现任何失误。他在日本的经历教会了他如何竞争，如何取胜，这一点在2004年公开赛他击败恩尼·艾尔斯的最后那个下午表现得淋漓尽致。当所有人以为托德顶着重压之时，他却坚持自己简单的打法，无论是开球时还是进攻果岭时都不去与那些显赫的名字攀比。他只是集中精力于自己的分数，这也给每位在场观看比赛的球员上了一课。

如何使用3号木杆或者救援杆打起扑球

一旦你开始练习，用这两种球杆中的任何一种来打起扑球都是个无风险的选择。托德·汉密尔顿已经在海滨球场上练习过好多局，而且还用这一工具打出过最好状态。用3号木杆或救援杆在整齐的草皮或是果岭边缘草地之外的地方打起扑球最适合了，因为杆头在此处不受阻碍。

1 手持握杆向下，采用传统的（反重叠握）推杆握法。

2 将球置于右脚的延长线上。让球在撞击后顺着地面向前滚动一小段距离。推杆握法应该会使你本能地摆出推杆站姿，这也是此技巧的关键。

3 依靠肩部力量来向后挥动球杆，下身保持静止不动。这与推杆击球很相似。让杆头的重量在击球时产生一股冲力；不要借助摆动手腕或腿部来为击球增加力量。保持杆头处于低位。

4 用上杆长度来判断距离，保持固有的节奏，通过撞击来加速。这种击球方式确实要求练习精确估量击球的距离，所以你得到球场去考察一下，看看你的3号木杆或是救援杆到底能够适用哪些情况。

专家提示

在干枯球场上的光秃球位打起扑球时，救援杆尤为有用，因为与尖头挖起杆相比，它的失误容许度较大。找一块硬地面，拿一支旧的救援杆练习击球。你所运用的技巧和击球动作一定要精确，这样才能成功击球。

在果岭上
打起扑球

塞尔吉奥·加西亚（Sergio·Garcia）拥有与生俱来的高尔夫天赋和果岭上神奇的击球，而这正是很多职业球员所缺少的。例如，在2003年美国大师赛的第二轮比赛中，加西亚在18洞的果岭上面对着与帕德里哥·哈灵顿相同的起扑球，而哈灵顿早就将球击过球洞18米（20英尺）远了。加西亚将球击到距离球洞极近的地方，然后一记推杆击球入洞。

使用切杆

要想控制精巧的起扑球，尤其是在下山时或是当你因为没有果岭可利用而对推杆表面感到紧张时，一个可用的方法就是使用起扑式推杆。这种方法拥有推杆的控制力和挖起杆的杆面斜度。使用6号或7号铁杆，但要像推杆那样握杆，还要像推杆击球那样瞄球。然后推杆击球，只有肩部随之摆动，这样球就会向上飞起越过果岭边缘草地，并迅速滚动，手腕不要扭动。球绝不会像起扑球那么快速地离开杆面。

如何打出精巧的起扑球

塞尔吉奥·加西亚在2003年美国大师赛上的起扑球非常抢眼，这并不是因为此球的执行情况，而是因为他对此球的构想。其实，是判别如何击球的这种能力使得这一球如此精彩。你可以在打起扑球时锻炼自己的眼力和想象力。这可不一定是天赐的本事。

1 让球尽可能快地落于果岭上最平坦的地方并使其向前滚动。这是短击的基本规则。让球在空中高飞，越过平坦的果岭并落于球洞附近是毫无意义的。你必须要判断高度和距离，并且要掌握好这些要素。

2 要考虑果岭弯曲度，不要只是在球洞打起扑球。你在推杆时可能总是考察果岭弯曲度，但是高尔夫球员会经常忘记在打起扑球时也要关注果岭弯曲度。这就是加西亚的起扑球娴熟、出众的原因。他要对坡度和果岭弯曲度进行完好的判断，进而让球直接进洞。

3 试着让每一个起扑球都入洞。如果你想让每个起扑球都进入球洞，那么你就要更加积极地挥杆，更加直接地击球，谁知道呢，没准你还真会击入几个球呢。当推杆时，你总是要试着向球洞内击球，但是，高尔夫球手们会从相同的距离去击打起扑球，却不想着击球入洞。

4 想象一下往回推杆击球的情形。给自己一个回球推杆的机会。这是打起扑球时你应有的最低目标。如果你没能成功地向洞内击球，那么就应该让自己离洞更近一些，在球洞下面上斜推杆。同时，当球经过球洞时，还要注意果岭的弯曲度，因为这是球返回的路线。这是你必须要推入的一杆。

> **专家提示**
>
> 规划瞄球时，你要想清楚，一旦打失了，果岭附近的哪个地方是挽救起扑球的最佳位置。这一点应该位于你的球与旗杆之间的大部分果岭区。这会有助于你在打起扑球时有充裕的果岭可以利用，从而增加让球接近球洞的机会。

在果岭上打起扑球

沙坑球的基本要领

Ernie Els
厄尼·埃尔斯

国籍： 南非
生于： 1969年10月17日
辉煌战绩：
英国公开赛冠军 2002
美国公开赛冠军 1994、1997

厄尼·埃尔斯是最具惊人才能的球员之一，他本应是一名职业球员——也许是一名世界冠军——在很多体育项目中。虽然他是一名不错的板球、橄榄球以及网球球员，但是他最终还是选择了高尔夫。他那简易的挥杆和轻松的态度丝毫没有暴露出他正身于激烈的竞争之中。直到现在为止，厄尼只赢得过三个大满贯，但实际上，每一次又都伴随着一定的争议。如果处于其他年代的话，他也许会统领世界高尔夫球坛。而实际上，这个简单挥杆和完美击球的南非人，其多半职业生涯都一直笼罩在老虎伍兹的阴影下。他在温特沃思俱乐部六次赢得世界比洞锦标赛的冠军，并于2003年和2004年位于欧巡赛排行榜榜首，这是一个非常显著的成就，想一想他曾在世界上参加过多少比赛啊。这位全球高尔夫英雄凭借巨大的奖金和众多的合约已经积攒了大笔财富。

怎样打果岭边的沙坑球

在2002年公开锦标赛上，厄尼·埃尔斯的沙坑球之所以能打得如此精彩，主要是因为他稳定的基本技巧。虽然他的脚下站位有些奇怪，但是他并没有使击球过于复杂化，而是保持他固有的瞄球动作，并且尽可能像平时那样挥杆。

1 正确持杆。要想用沙坑挖起杆来进行得体的击球，你就需要将杆面打开。但是，一定要先打开杆面，然后再持杆。如果你不按照这项要求来做的话，杆面就会在撞击时关闭，从而产生与你预期相反的结果，你也就无法对其进行掌控了。

2 瞄球时要使杆面与目标成直角，但是身体要瞄向球洞的左侧。这就是厄尼在打沙坑球时所做的：他将身体打开指向目标，然后沿着身体的线条挥杆。这个姿势有利于最好地利用沙坑挖起杆。

　　2002年，厄尼在莫里菲尔德追逐他的第一个公开赛冠军时，他在标准杆为3杆的13洞处遇到一个又深又陡的沙坑，球就落在这个沙坑的边缘。他一条腿站在沙坑壁上，另一条腿站在沙中，这就是那次击球的神奇之处。他最终在加时赛上夺得了桂冠——这要归功于那个不可思议的沙坑救球。

3 将脚埋入沙中，以便尽可能地使自己站稳。这种姿势也会压低挥杆弧——杆面挥动的平面——这会更易于先击沙子再击球。

4 将球置于脚前，这样就更可能先击到沙子，脊椎轻微倾斜离开目标，膝盖微弯，后背挺直。这是一个良好、稳定而又灵活的姿势，而且对于站在光滑、多沙的地面来讲很重要。

专家提示

　　如果你正在试图逃离沙坑，击球前就不要让球杆触地，否则，就会被罚一杆。这种判罚也适用于其他障碍，所以在水中自救时也不要把球杆过早弄湿，在溪水边攀爬时也不要用球杆来支撑。

沙坑
挥杆

加利·普雷尔（Gary Player）是世界上最伟大的高尔夫球员之一，他也是史上最优秀的沙坑球员。他曾说："如果我算是伟大的球员之一，那就只有一个原因：我从未惧怕过沙坑球，没有一个沙坑球在我面前得逞过。要带着击球入洞的感觉去打每一个近距离沙坑球。"他经常成功地应对沙坑球。

Gary Player

加利·普雷尔

国籍： 南非
生于： 1935年11月1日
辉煌战绩：
英国公开赛冠军 1959、1968、1974
美国大师赛冠军 1961、1974、1978
美国公开赛冠军 1965
美国职业高尔夫球锦标赛冠军 1962、1972

从很多方面来看，加利·普雷尔都是现代首批高尔夫球员之一。他是第一位强调健康和力量的职业球员，他的工作道德规范令人惊讶。他那种绝不气馁的态度赢得了人们的很多尊重，也帮他获得了不少的锦标赛荣誉。在20世纪六七十年代，加利·普雷尔与阿诺·庞玛（Arnold Palmer）和杰克·尼克劳斯共同统治着高尔夫球坛，他共赢得9次大满贯，成为五位包揽每届大满贯头衔的球员之一。他还因为在球场上的喋喋不休而著称，并由于与他人的交谈和顽强的竞争力而伤及无数的对手。1985年，近50岁的他成为了常青赛的统领者。加利在球场外也是一位成功的商人，他除了从事球场设计、担任教学工作外，还经营畜牧场和其他生意。

如何培养良好的沙坑挥杆

加利·普雷尔曾经非常努力地进行练习，以保持他那纯熟的沙坑技巧。他保持这一基本功和挥杆技巧的简易化，然后进行可重复的、稳定的动作练习，这些练习使得他喜爱沙子的挑战，而不是畏惧它。他宁愿在沙坑里击球也不愿在边缘草地上打起扑球，因为他非常了解球的反应情况。

1 摆出良好的站姿和瞄球姿势，杆面打开，身体瞄向旗帜的左侧。保持良好的姿势，脊椎挺直，双膝弯曲。这种核心稳定性正是加利的健康运动规律帮助他所形成的。

2 想象在沙子上沿着你的双脚画一条线。你要沿着此线向后挥杆，然后再沿着它向撞击点挥杆，这样你就用打开的杆面径直穿过球与目标之间的线。

3 打开的杆面以及沙坑杆的结构设计决定了球杆会在沙子上反弹，而且会挖出个沙窝。要将球位下方的沙子一起击起，这样球就会在沙子的缓冲作用下脱离障碍区。不要让杆面与球直接接触。

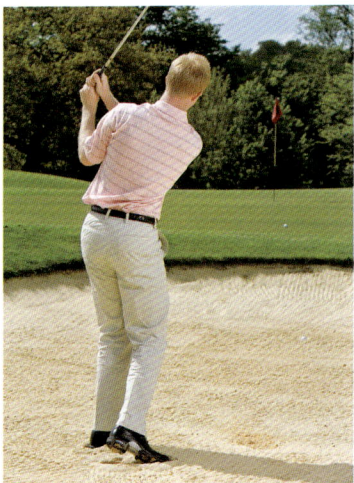

4 通过缩短或加长上杆的长度来控制沙坑球的距离，这取决于你想要的飞行距离。一定要在球后将沙子击出固定的距离——大约5厘米（2英寸）——无论你使用什么样的击球方式。你一定要先击到沙子，否则，会使局面无法掌控。

> **专家提示**
>
> 当你在沙坑处击球时，要以旗杆的顶端为目标。瞄向高处就更可能会将球击到超出球洞的距离，也就给球一个落入球洞的机会。多数业余球员的击球距离短，这样球就根本没有机会落入球洞了。

沙坑球
战术

托尼·杰克林（Tony Jacklin）在1969年英国公开赛上的夺冠是他稳定发展的一个显著标志。他能得到72杆的好成绩主要因为他优秀的救球技巧。"当我赢得公开赛冠军时，我发现在最后一局有很多沙了—— 我共遇到了11个沙坑。但是我在每个沙坑都是2杆进洞，成功地逃离障碍"。托尼成为了18年以来赢得此赛的第一位英国人。

Tony Jacklin
托尼·杰克林

国籍： 英格兰
生于： 1944年7月7日
辉煌战绩：
英国公开赛冠军　1969
美国公开赛冠军　1970
莱德杯高尔夫球赛　1967、1969、1971、1973、1975、1977、1979、1983（不参加比赛的队长）、1985、1987、1989

托尼·杰克林是现代高尔夫球坛第一位在美国称霸的锦标赛上获得成功的欧洲球员。他是仅有的3位赢得美国公开赛的英国球员之一，是继1920年泰德·雷（Ted Ray）之后，50年来英国人的又一次胜利。这个卡车司机的儿子在早期就表现出超凡的天赋，之后便转为职业球员并在美国职业高尔夫球巡回赛获得一席之地，这项赛事也是他参加最多的比赛。也许托尼最大的成就在于他促进了莱德杯球赛竞技性的发展。他的（非参赛队长）任职促成了1985—1987年莱德杯球赛成功，也成为了当今促进人们对此赛事巨大兴趣的催化剂。在1969年的莱德杯球赛上，托尼与杰克·尼克劳斯战平，两人在友好的气氛中握手言和，这也是莱德杯历史上仅有的两次平局中的一次。

如何像托尼那样打沙坑球

　　托尼·杰克林能够成功地进行沙坑自救不仅仅是因为他有稳定的球技和刻苦的练习，还因为他面对沙坑球时的机智。他已经修炼出了得体的沙坑球战术，这给他的2杆进洞提供了最好的机会。沙坑球的黄金法则就是一杆摆脱陷阱。

1 要想逃离沙坑，就要给自己一个一杆将球击出沙坑的机会。当你有机会靠近球或击球入洞时，就不必让球死死地落在球洞旁。

2 沙子本身的状况会提示你如何击球。用脚碾碾沙子来感受其质地。如果沙坑又深又蓬松，那就保持略微开放的站姿，并且击打球的底部。如果沙子又硬又潮湿，那最好的选择就是进行常规的劈起球或起扑球（见58～59页，74～75页）。

3 使用高吊杆来代替沙坑挖起杆是明智的选择，因为球不会飞得太远，这样就会给你一个用力挥杆的机会。如果你的球被沙子埋住了，那么劈起杆或是边缘锋利的球杆能有助于你以用力一击将球挖出沙坑。

4 检查一下沙坑球的球位。如果你正在上坡击球，球就会飞得高而不远，所以就会带起更少的沙子。如果你在下坡击球，挥杆时就会带起更多的沙子。要顺着坡面的坡度击球，以确保你能迅速逃离险境。

专家提示

　　如果你喜欢沙坑脱险的挑战，那就会打得更有攻击性，犯的错误也就更少。一旦养成了良好的球技，你就会意识到沙坑自救的误差容许度要比其他地方更大。

常见的推杆握杆方式

弗雷德·卡波斯（Fred Couples）是世界上击球最有节奏感、最富吸引力的球员之一，但人们却常常忽视了他的推杆。在他以交错式握杆挑战传统（反重叠）握杆法的第二年，他便以稳健而又出色的推杆技巧赢得了1992年的美国大师赛冠军。对于一位顶级球员来说，握杆方式的改变可是件大事，但这却使他的比赛大不相同。

Fred Couples
弗雷德·卡波斯

国籍：美国
生于：1959年10月3日
辉煌战绩：
美国高尔夫大师赛　1992
莱德杯高尔夫球赛　1989、1991、1993、1995、1997

弗雷德·卡波斯曾是世界一号高尔夫球员，他曾是20世纪90年代初期常规巡回赛的领军人物之一，但是他却仅仅获得过一次大满贯的荣誉。然而，他却在大西洋两岸的其他重大赛事上收获了成功，成为了1995年的欧洲巡回赛背靠背冠军得主，还有两次"球员锦标赛"冠军。如果不是因为他后背的伤病，弗雷德在世界高尔夫球坛的统领地位可能会更长久。自从90年代以来，他就是美国莱德杯球赛的正规成员，并且在新世纪初又开始复出，在同时代的球员都已经被维杰·辛格（Vijay Singh）和泰格·伍兹横扫出户时，他却仍能不断获得奖金。

如何了解弗雷德的握杆变化

弗雷德·卡波斯使用两种推杆握杆方式：传统（反重叠）握杆法和交错式握杆法。每种握杆方法都有其一定的优势，不同的球员习惯于不同类型。交错式握杆法是一种恢复你挥杆活力的极好方法。改变技巧能为你注入新鲜的感觉，就像它为弗雷德所做的一样。

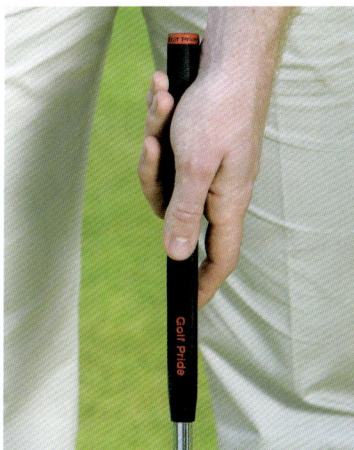

传统推杆握法

1 左手持杆，就像正常全力挥杆一样（见22～25页）。要用手掌握杆，不要用手指根部，这样有助于在击球时保持手腕稳固不动。让食指离开球杆，但是要尽量保持与正常的握杆方式相同。

2 将右手放于球杆上，左手食指位于右手上部。试着用手掌握住推杆，而不是手指根部。然后双手一起移动，这样它们就能像一个整体一样自如行动了。

交错式握杆法

1 右手放于球杆上，在握把的顶部，用手掌指向目标。右手位于左手之上进行推杆。

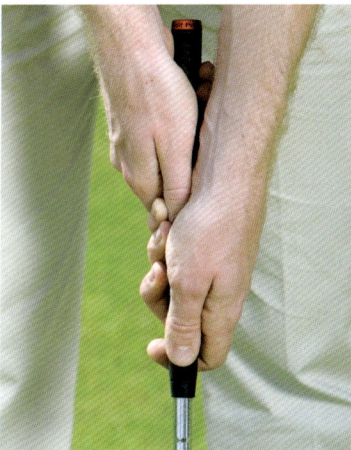

2 将左手放在球杆握把处，使之位于右手之下，左手手背指向目标。这样你的肩部就会与地面平行，有利于更加轻松地直上直下挥动推杆，从而保持推杆杆头在整个挥杆过程中贴近地面。

专家提示

在两种球杆握法之间自由转换。总是使用最舒适的那种握法。你的技巧有时会变得陈旧，从而造成你的击球感受到麻木，所以改变握杆方式有助于恢复你的直觉，增加你的触感。推杆时是没有正确的握杆方式可言的。

不常见的推杆握杆方式

伯纳德·兰格（Bernhard Langer）曾经因为痉挛性紧张而未能做出准确推杆，这是短推杆常见的恐惧症。这种削弱力量的推杆情形甚至会使世界顶级球员降为业余球员。伯纳德的解决方法就是完全改变握杆方式，重新比赛，他最终在1993年再次赢得了美国大师杯球赛的冠军。

Bernhard Langer
伯纳德·兰格

国籍： 德国
生于： 1957年8月27日
辉煌战绩：
美国高尔夫大师赛冠军　1985、1993
莱德杯高尔夫球赛　1981、1989、1991、1993、1995、1997、2002、2004（队长）

伯纳德·兰格是欧洲高尔夫球坛的"五巨人"之一。他同尼克·费度、伊恩·伍斯南、桑迪·莱尔以及塞弗·巴雷斯特罗斯（Seve Ballesteros）一起负责组建参加现代比赛和欧洲队莱德杯球赛的欧洲队伍。作为2004年莱德杯欧洲队的队长，兰格显示出了自己善于鼓舞人心的特点。他依靠自己的组织能力和灵活的战术，率领欧洲队在美国的橡树山取得了创纪录的大胜。当1986年世界球员排名被首次公布时，伯纳德成为了世界上首位一号球员，在那之后的20年间，他在两类巡回赛中都保持了极大的冲劲。他是赢得大满贯赛事的唯一一位德国球员，而且凭借自己的不懈努力和在欧洲高尔夫球坛的巨大影响，独自维系并维护着其祖国人们对此体育项目的热忱。对于一位具有良好赛场掌控性的球员来说，他送杆动作的改进和完善会使他更加接近胜利的宝座。

了解伯纳德的推杆苦恼

　　尽管伯纳德·兰格能够很好掌控比赛，而且做了充分认真的准备，但是他却对痉挛性紧张的侵袭束手无策。这种痛苦使短推杆成为了不可能，因为球员失去了对推杆杆头的控制，而且会不由自主地轻拍到球身。伯纳德的解决方法就是先换一种握杆方式，然后当再次痉挛时他再换一个新推杆——一种越来越流行的扫帚柄形推杆。

伯纳德的抗痉挛式握杆法

1 左手放于推杆杆身握把的底部，就是橡胶与金属相接的位置。让握杆处的橡胶抵住左手前臂的内侧，这样前臂就和推杆成为一体了。

2 右手放在握把顶部，用右手的拇指稳定地将左前臂和推杆的握把抓在一起。这种方法就是在击球时使手腕保持完全不动。你只用肩部和前臂来推杆，这样你就不会情不自禁地轻拍到球身了。

扫帚柄形推杆的握法

　　用左手持杆，推杆的顶端置于胸骨处。进行摆动式击球，手腕与肩部要与球到目标之间的线保持平行。

爪形握杆

　　左手握住推杆的顶部，拇指朝下，手背指向目标。右手位于左手下方，以拇指和食指轻轻握杆，手掌平伸指向目标。用右手击球时，左手要牢牢地抓住推杆。

专家提示

　　如果你正在与痉挛做抗争，那么右撇子的你就应该试试左手推杆，左撇子则应该试试右手推杆。以相同的肌肉尝试不同的打法——逆向的——你就可以再次发现自己的触感。购买一个双面的推杆，即可以双向使用的推杆，哪面感觉更舒适就使用哪面。

推杆姿势

保罗·卡西（Paul Casey）是英国的一位高尔夫新星，他在美国和欧洲都占有一席之地。他的比赛由于其健壮的体魄和强大的力量而与众不同，而这要源于他在体育馆里的刻苦训练。保罗拥有最稳固的技巧，尤其是在推杆击球时，那一时刻，他那标准的姿势和牢固的基本功会成为他强大的后盾。

Paul Casey
保罗·卡西

国籍: 英格兰
生于: 1977年7月21日
辉煌战绩:
莱德杯高尔夫球赛　2004

保罗·卡西是一位正在崛起的天才。也许他还没有获得过大满贯的突破，但是，他却经常赢得欧洲巡回赛，而且拥有各种大赛的成功经验，其中包括为2004年莱德杯高尔夫球赛的胜利所起到的关键性作用。当保罗转为职业球员时，他已经积淀了丰富的经验。他在1999年"沃克杯"赢得四场比赛的胜利，并且问鼎了1999年和2000年的英国业余高尔夫球赛的冠军宝座。另外，他在美国亚利桑那读大学期间，就屡次刷新由菲尔·米克尔森和泰格·伍兹创造的大学纪录。他的比赛风格很适合美国大师杯赛，在2004年初次登场时就获得了第六名的优异成绩。拥有了强有力的长打和敏捷的推杆技巧，保罗注定会成为未来十年世界高尔夫球坛上令人兴奋的领军人物。

如何形成良好的推杆姿势

我们并不能将正确推杆姿势的重要性夸大其词。但是，如果你拥有良好、舒服的站姿，你的击球就能经得住压力的考验。保罗·卡西是一位年轻、强壮的高尔夫球员，他站在推杆前就会呈现出令人难以置信的稳健。

1 身体直立，将球置于正常推杆时的位置，双脚分开与肩同宽。将推杆放在体侧，以便于你能轻松地握住它。确保后背挺直。下颌抬起，双臂自然下垂于身体两侧，保持放松。

2 身体从髋部开始前屈，让上身与下身形成一定的角度。后背和双膝挺直，双手从肩部自然下垂。下颌抬起并来回摆动，直到你感觉舒适为止，并确保身体放松。

3 屈膝向下看球。双手从肩部自然下垂。球应该正好在鼻子下面。后背尽量挺直，但要确保感觉舒适——舒适是推杆最重要的因素，因为这是培养你良好感觉的时刻。

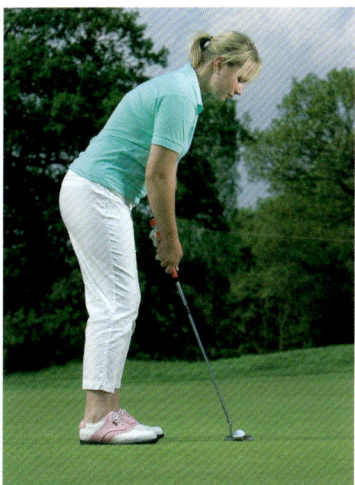

4 手握推杆，让推杆自然位于球后。当双手并拢时，你的推杆、姿势以及稳定性都应该处于正确的位置上。如果你不断练习培养良好的姿势，那么你的推杆就会变得更具连贯性。

专家提示

球的正确位置对于良好的姿势来讲是非常重要的。球应该正好位于鼻子下面。如果在瞄球时你让一只球从鼻子处落下，它应该正好落在地面上的高尔夫球上。调整瞄球站姿，以便球的位置精确而舒适。

推杆击球的原则

在最好的球员中，本·克瑞肖（Ben Crenshaw）是一位凭借其在果岭附近一流的控制力而赢得两次美国大师杯球赛的选手。在1995年的胜利中，他没有一次是三推击，这主要是因为他拥有令人羡慕的推杆击球。

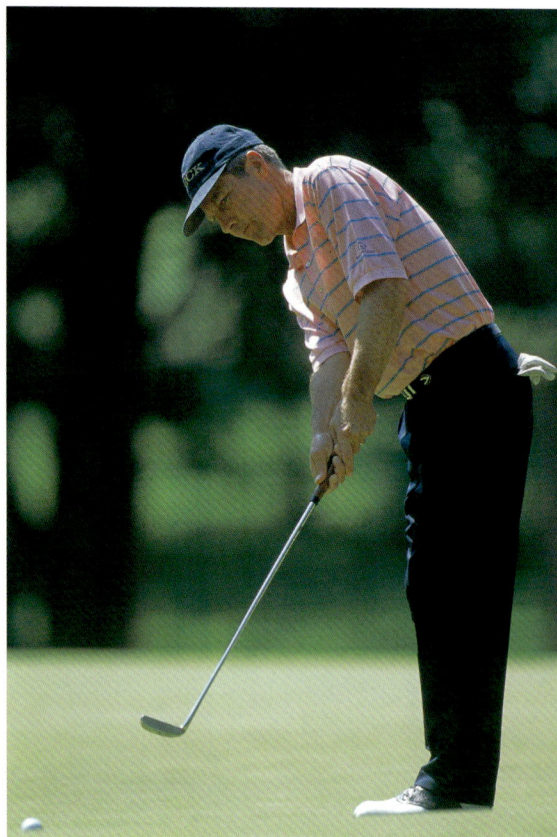

Ben Crenshaw
本·克瑞肖

国籍： 美国
生于： 1952年1月11日
辉煌战绩：
美国高尔夫大师赛 1984、1995
莱德杯高尔夫球赛 1981、1983、1987、1995、1999（任队长）

虽然本·克瑞肖从未用大满贯证实过自己毋庸置疑的才能，但他仍是美国最出色的球员之一，尤其是在果岭上的表现。本与传奇的高尔夫教练哈维·彭尼克（Harvey Penick）成为了良师益友，并在1995年其老师葬礼一周后的美国大师杯球赛上创造了精彩的瞬间。他在1999年作为队长率领美国队取得了美国莱德杯的胜利，并创造了此项赛事迄今为止最大的后卫战。本总是坚信命运，并说莱德杯球赛的最后那天的反击战之前他就"有很好的感觉"。同样，对于1995年大师杯球赛的胜利，克瑞肖说似乎有人把手放在他肩膀上给他力量，他感觉到彭尼克就在他的左右，他的灵魂化身成了15号球杆，助他成功。他以"本绅士"而著称，最初是因为讽刺他活泼开朗的性格，后来是因为他成为了球坛年长的领袖人物。

如何模仿本的推杆击球

本·克瑞肖有最自然而连贯的推杆击球。他一直在努力解释自己的秘密，但是最重要的因素是舒适。只要他在击球过程中放松自如，其余一切都会自动就位。凭借像其肩部那样强壮、可靠的肌肉，本就能在压力之下完美推杆。

1 身体直立，面对球站立；不要弯腰以免伤及后背。球应该放于体前，瞄球时双手稍微向前。非常轻柔地握住推杆，这样你就能感受到推杆动作。不要紧紧地攥住握杆。

2 用两个拇指握住推杆顶部，双手相互平行。这是一个很自然的姿势，也很容易在瞄球时使推杆杆面与目标形成直角。呈稍微打开式站姿，以便于瞄球舒适，然后就要考虑速度与目标线。

3 以优美的节奏，自然、缓慢地击球，以肩部为轴转动；击球时没有手腕动作。

4 要一直以合适的速度来推杆击球，这样球才能停于球洞附近。本曾解释说："使球以适当的速度到达球洞，这样会使球从任何入口进入球洞的机会都更大些。哈维·彭尼克早期就教给我这种方法的价值。这就是他所说的'给幸运一次机会'。"

> **专家提示**
>
> 那种不束缚技巧、简单而又有助于培养你平静、舒适击球的练习就是只用右手进行推杆。尽情享受这一技巧帮你养成的自由、自然的节奏和舒适的姿势吧。然后在真正推杆瞄球时要反复操练。你很快会再次发现击球的流畅性。

用传统球杆
进行推杆击球

人们普遍认为布拉德·法克森（Brad Faxon）是现代最好的推杆手。他可能只在美国职业高尔夫球赛上赢得过8次冠军，但是他的一些统计数据却非常令人吃惊。2003年，他参加了19局比赛——总共362个球洞——没有出现一次三推击。尽管他的击球方式奇特而疯狂，夺得锦标赛胜利的次数也很有限，但他却一直保持在十强的行列。

Brad Faxon

布拉德·法克森

国籍: 美国
生于: 1961年8月1日
辉煌战绩:
莱德杯高尔夫球赛 1995、1997

布拉德·法克森的首场胜利是在1991年的美国职业高尔夫球赛上，从那以后，他就经常捧得锦标赛冠军的奖杯。这位极具竞争性的高尔夫球员多年来也在推杆统计中名列前茅。推杆时要自由自在，不要在乎是否会偏出，这一思维已经帮助布拉德获得了大笔的奖金。他与心理医生鲍勃·罗特拉博士（Dr. Bob Rotella）的密切往来帮助他保持赛场上思维的一致性，让比赛简单化，而且要发挥他的最大潜能。他不会在乎第二推会有多长，他只想着一推进洞。然而，布拉德也从不会因为球滑动过度而感到失望。这一点就是他最大的力量，给自己一个得分的机会，而不是在失败时指责自己。

如何使用传统（反重叠）握杆推杆击球

　　布拉德·法克森并不相信存在正确或错误的推杆方式。他已经目睹过太多拥有精湛技巧的优秀推杆手。所以如果说他的击球是纯粹传统式而且简单化的，那是具有讽刺意味的。他使用传统（反重叠）握杆法，精力集中于目标线和击球本身，脑子里没有杂念。

1 目光集中于稍微靠近身体的那条想象的线上，而不是推杆的线上，轻柔地握住推杆。业余球员应该掌握这些易懂而又可靠的基本要领，尤其是那些控制不好速度的人。

2 在向后挥动推杆之前，用手腕附加一股不易察觉的向前的压力。这是一个触发性动作——它使得身体的其他部位了解到准备动作已经结束，真正的行动就要开始了。这是一个简易而又自然的开始击球的方法，而且可以被用于全挥杆和推杆击球。

3 确保你的击球动作是源自肩部的移动，手腕和肘部要保持静止不动，但并不意味着是僵硬的状态。击球过程中你的手腕和肘部应该保持柔软而舒适；不应该太过紧张。这种方法会让你自始至终有很好的感觉和触感，还会保持良好的节奏和速度。

4 随着向后挥杆，要将杆面轻微打开，以便于推杆沿着向外挥杆的路线移动。这就是布拉德所采用的方法。许多球员更喜欢采取直上直下或者从内到内的方法——就像摇摆的门一样；这两种方法都同样奏效。只要你击球的连贯性好，击球时杆头与球形成直角，那么推杆的路线就无关紧要了。

专家提示

　　布拉德相信推杆时最重要的因素就是你的思维。如果头脑清醒，毫无杂念，那你就能进行积极而完好的推杆。选择一条线，然后沿着这条线击球——这非常简单。其技巧就在于保持头脑清醒，而这要依靠果岭上的练习以及不断磨炼自己才能获得。

长推杆

1999年的莱德杯周日个人赛上，美国人越来越强烈地感觉到胜利的来临。贾斯丁·雷奥纳德（Justin Leonard）正处于与欧拉查宝（Jose Maria Olazabal）对战的关键时刻，双方都在布鲁克林的17洞面对着45米（50英尺）的推杆。贾斯丁一记精彩的推球入洞完成了博蒂，而欧拉查宝却没有入洞（踏上草地向美国英雄祝贺的狂热观众破坏了他的路线）。所以美国队获得了最关键的一分，从而再次问鼎莱德杯。

Justin Leonard

贾斯丁·雷奥纳德

国籍： 美国
生于： 1972年6月15日
辉煌战绩：
英国公开赛冠军　1997
莱德杯高尔夫球赛　1997、1999

贾斯丁·雷奥纳德是一位勤恳又富有天赋的美国球员。他是一位优秀的推杆手，就像他在1997年英国公开赛所呈现的，他为最后的胜利付出了巨大努力。那届公开赛的胜利源于这位年仅25岁、成熟而又稳健的球员在赶超杰斯佩·帕尼维克（Jesper Parnevik）5杆领先时的镇定与活力。贾斯丁在1999年的公开锦标赛上也起到了非常重要的作用，当时凡德维尔德（Jean Van de Velde）在最后一洞领先3杆，迫使比赛进入加时赛，在他与贾斯丁及最终获胜者保罗·劳列（Paul Lawrie）之间展开了一场决斗。这位坚毅竞争者的勇气和刻苦精神也成为了1999年莱德杯球赛美国队取胜的强大驱动力。

如何培养长推杆的技巧

　　要想成为一个稳健的长距离推杆手，就要进行反复练习并增加触感。贾斯丁·雷奥纳德是世界上触感最好的球员之一，他经常花上几个小时来练习推杆。对他来说，如果球落入球洞，它们就会找到自己的目标。长距离推杆要注重速度。如果你能让球滚动适当的长度，你就不会离球洞太远了。

1 要注重推杆的感觉和距离，不要花费太多的时间去琢磨果岭的坡度。当然了，要进行大体的了解，但是没有必要知道推杆路线上每毫米的弯曲程度、凸起状况以及旋转程度。

2 看着球洞进行击球练习。站在球后，这样你就能够看见球及远处的球洞，然后进行挥杆练习并试着估量这种感觉。不要过于科学化，只要觉得合适就可以击球，然后将此感觉赋予球体，推杆击球。脑子里要勾画推杆的正确速度。

3 所有的推杆都是直推杆。在球与球洞之间选择一点，然后朝着那点推杆。自己与那点位于一条线上，想象球在转向球洞之前会滚动过那一点。一旦一杆未中，你也不要影响推杆；你做的一切就是使球以合适的速度滚过那一点。

4 击球距离取决于你的上杆长度，并非由击球力度来决定。推杆越长，上杆就应该越长。保持所有推杆节奏和速度的一致性。送杆应该和上杆保持相同的长度，以确保进行积极、有进攻性的击球。根据所需要的距离简单调整上杆的长度，然后让球固定地停于某一点上。

> **专家提示**
>
> 　　总是试图让球越过球洞再停下来。这就会给自己一个判读果岭弯曲度的机会，才能充分了解往回推杆球时转折点所在的位置。当然你也许非常幸运地将球直接击入球洞；但如果球在距离球洞不足一定的距离停下，那它就很难进洞了。

爪形
握杆推杆

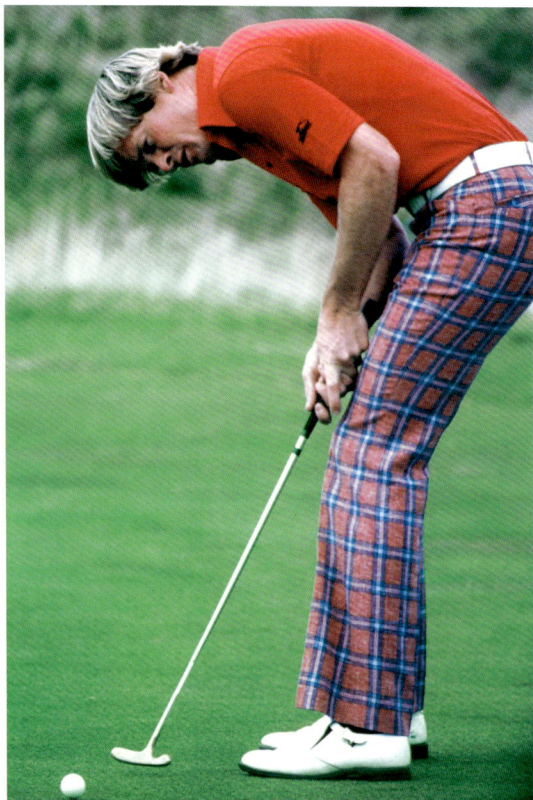

1976年，约翰尼·米勒（Johnny Miller）在皇家伯克戴尔球场举行的公开锦标赛上的胜利绝不会因为一个叫做塞弗·巴雷斯特罗斯（Seve Ballesteros）的19岁西班牙球员的出现而黯然失色。然而，约翰在最后一局取得了66杆的优异成绩，包括一连串的博蒂和后9洞的鹰击（比标准杆少2杆），他面对压力从容应战，并使用爪形握杆推杆击球入穴，这些都成为了他职业生涯最光辉的巅峰。虽然爪形推杆距离球洞只有2～3米（6～10英尺），但是在比赛或是锦标赛的关键时刻，即使是最好的球员也很容易出现失误。

Johnny Miller
约翰尼·米勒

国籍：美国
生于：1947年4月29日
辉煌战绩：
美国公开赛冠军　1973
英国公开赛冠军　1976
莱德杯高尔夫球赛　1975、1981

约翰尼·米勒有一头飘逸的金发，身穿网格裤子，拥有精湛的球技，堪称是20世纪70年代高尔夫球坛的标志性人物。现在，他是一位受人尊重的高尔夫评论员，且从不畏惧表达自己的观点。由于他曾经辉煌的职业生涯，经常能成功摆脱是非。约翰尼是在1973年的美国公开赛上首次赢得大满贯的，并且凭借他的低杆数24次获得美国职业高尔夫球巡回赛冠军。他是20世纪七八十年代向汤姆·沃森（Tom Watson）和尼克·费度（Nick Faldo）发起挑战的为数不多的球员之一，而且他也是1971～1980年间打破他们垄断地位的唯一一人。虽然1976年的公开锦标赛上约翰尼几乎没有击球失误，而且最终赢得了第二个大满贯，但他最终确实是因为推杆的问题而退出了高尔夫球坛。

面对压力该如何推杆

约翰尼·米勒最终可能是因为果岭上的压力而结束了其职业生涯，但是他在最激烈的竞争环境下从容不迫的精神状态以及低杆数的好成绩最终使他出现在1976年的排名榜上。1976年公开赛的最后一天，尽管压力不断升级，但是约翰尼最终还是战胜各路高手，夺得冠军。

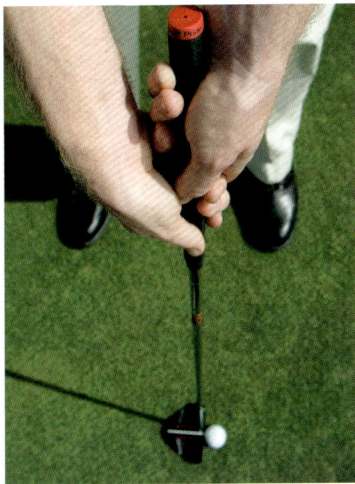

1 在推杆末端画一个红点儿，思维集中于这个红点（而不是球），推杆时保持合适的速度。

2 以同样的方式对待每个推杆；无论是本轮第一个推杆，还是17洞的最后一记入洞，都要采用那种舒适而又有把握的常规性打法。业余球员在面对这一关键性推杆时常犯的错误就是过度分析当时情况。你不要给自己增加压力。

3 总是要瞄向2.5米（8英尺）之内——尤其是使用爪形握杆推杆时。你的本能会迫使你进行更积极的击球，从而会增加向穴内击球的机会。当你面对关键一推时，不要想通过瞄向球洞之外而促使与球洞的距离变短——这样球是不会进的。

4 试着连续进行100个1米（3英尺）远的推杆入洞练习。告诉自己只有将100个推杆万无一失地击入球洞才算结束。一旦失误了，就要归零重做。随着太阳渐渐落下，肚子开始咕咕地叫，你很快就会感觉到压力。这是一种很好的练习，能帮助你感知压力之下的推杆入洞。

专家提示

如果你感到有压力，说明你正在为了取胜而拼搏。如果你胜利了，说明你一定是发挥得很好，所以要尽量享受这一过程。深呼吸，然后将所有球都击入球洞。很明显，你的状态不错，所以没有任何理由推杆失误。

判读
果岭

1992年，汤姆·凯特（Tom Kite）在美国加州卵石滩高尔夫球场赢得了他唯一的一个大满贯，当天的平均杆数为77杆，而他以72杆荣登榜首。许多球员在大风天都很难突破80杆。这种天气状况下，推杆就变得更为重要，一个小小的失误就会付出巨大的代价。面临此种混乱情形，汤姆的稳健就是保持其控制力和清晰思路的一个最惊人的例证。

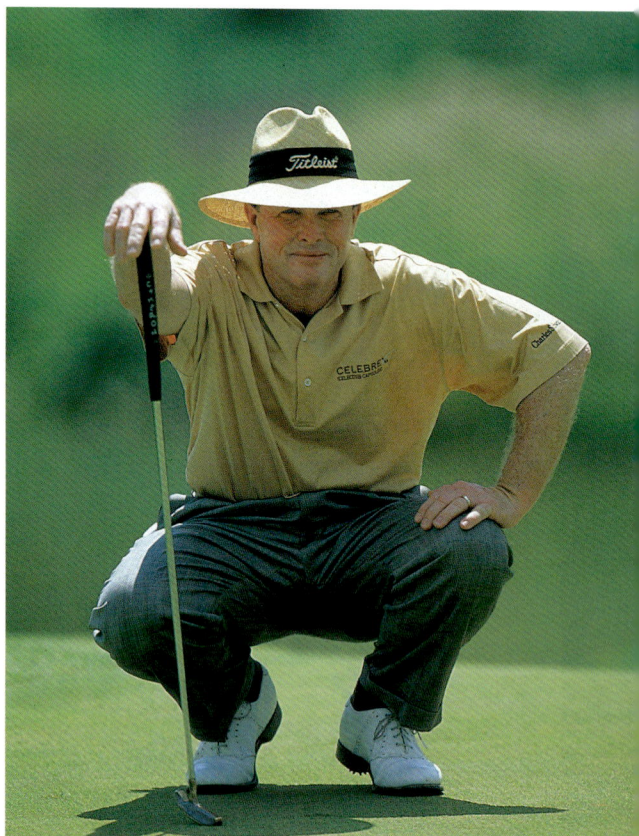

Tom Kite
汤姆·凯特

国籍: 美国
生于: 1949年12月9日
辉煌战绩:
美国公开赛冠军 1992
莱德杯高尔夫球赛 1979、1981、1983、1985、1987、1989、1993、1997（任队长）

汤姆·凯特是他所处时代最成功的高尔夫球员之一，尽管他仅仅获得过一次大满贯头衔——而且是在他职业生涯的晚期取得的。1992年，他在美国公开赛上的胜利是最为辉煌的一次，他以72杆的大比分优势淘汰了杰夫·斯鲁曼（Jeff Sluman）和科林·蒙格马利（Colin Montgomerie）。这位惊人的天才球员11岁时就获得了他的首个冠军奖项，1973年转为职业球员并荣获年度最佳新人称号。汤姆两度在美国职业高尔夫巡回赛奖金排行榜上位居首位，并且7次出现在莱德杯球赛，还有一次是1997年作为队长率领美国队出战。他一直在与近视眼做斗争，并坚持使用特有的粗规格球杆，但最终还是于1998年接受了激光眼科手术治疗。这次手术提高了他的球场成绩，帮助他在常青赛上7次夺冠。

如何判读果岭

因为在果岭上找到最好的推击路线很困难，所以，汤姆·凯特求教于戴夫·皮尔兹（Dave Pelz）——美国的短杆大师——以使得推杆更加简单，并试图发觉一些秘诀和学习技巧。

1 他意识到直接站在球后所读懂的推杆情况会与你预期的情形不大一致。如果你是按照果岭弯曲度来打球的，那么你就无法把球直接推向球洞，所以为什么还要直线瞄向球洞呢。这样只会导致推杆过直，使球偏于下侧而造成失误。

2 从你想要球开始滚动的那个角度来研究推杆，然后以这一角度上的某一点为目标。只要开始这样做了，你立即就不会再取笑自己缺少对果岭弯曲度的认识。业余球员总是不研究推杆就开始击球，那就意味着球在滚动终止时只会偏离球洞。

3 检查一下果岭附近的自然特征。大海可以提供给你有关果岭弯曲度的线索：球常常会转向大海，而转离山脉。其原因是很简单的物理学原理：虽然果岭可能看起来很平整，但是土地的整体状态总是会朝着有水的地方倾斜。

4 推杆之前，想象球按照你规划的路线滚向球洞；这会有助于你抵抗压力，而且面对艰险仍然保持头脑清醒。想象球沿着弯曲度滚动，然后进入球洞。接下来，再假想它从球洞出来回到推杆杆头处。你的身体会接受这些清晰的信息，然后让这一切很自然地发生，将竞争压力和风力的干扰都抛在一边吧。

专家提示

记得球在不同的情况会偏向不同的方向。如果是快速果岭且地面干燥，那就会比湿凉果岭的弯曲度更大。上坡推杆要比下坡推杆的转折幅度小。在判读果岭时将这些牢记于心中，你就能击沉更多的推杆。

推杆
战术

要想赢得美国大师杯球赛，有一点是你在比赛时必须要真正打好的——你的推杆。伊恩·伍斯南在奥古斯塔时比其他人更加成功地处理了起伏不平的冰场果岭，从而在1991年问鼎了他唯一的一个大满贯。在这种果岭上成功推杆的关键就是战术：使用正确的球杆击球上果岭，然后进行恰当的推杆。

Ian Woosnam

伊恩·伍斯南

国籍： 威尔士
生于： 1958年3月2日
辉煌战绩：
美国高尔夫大师赛　1991
莱德杯高尔夫球赛　1983、
1985、1987、1989、1991、
1993、1995、1997、2006（任
队长）

伊恩·伍斯南已经连续26次参加欧洲巡回赛，成为此项赛事的忠实成员，他在全世界范围共赢得44次锦标赛，当他1991年夺得美国大师赛冠军时，他便成为了欧洲的"五巨人"之一。1993年，莱德杯球赛期间，他是所有赢得四人球赛中唯一的一位欧洲球员。虽然他个子矮小，但却是一位极富力量的球员，他擅长稳健的短杆。虽然他已经从扫帚柄形推杆改为传统推杆打法，但是在职业生涯晚期，他的推杆也是有时击中有时失手。伍斯南是欧洲的一位重要人物，不仅仅在赛场上表现出色，而且还喜欢赛后喝点啤酒。另外，他还是一位优秀的斯诺克球员，而且因其在台球桌上练习推杆而著称。这位一直受人喜爱的人物还是2006年莱德杯高尔夫球赛上欧洲队的队长。

如何学会伍斯南在果岭上的战术

赢得美国大师杯球赛就是要从球梯到果岭都打得精彩绝伦，然后进行聪明的推杆击球。伍思南的胜利就教给了我们如何在推杆表面进行操纵和控球。下面的一些建议会帮助你在果岭的比洞赛上发挥出最好水平。

1 考虑一下进攻果岭的击球。你必须得将球击到果岭上适当的一侧，以利于获得最好的击球入洞的机会。上坡推杆通常会比下坡推杆更容易，所以要试着将球停在球洞下面。如果不确定的话，就瞄向果岭上最平坦的地方，即使你可能觉得球会离旗帜远了些。

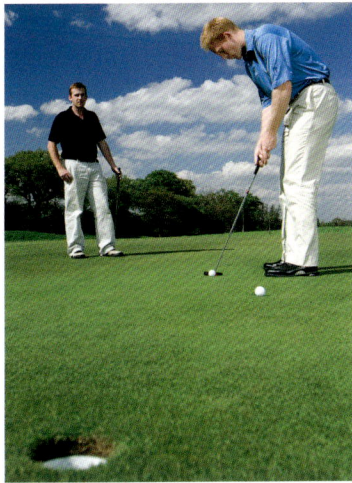

2 将对手的球看做是了解推杆转折点以及果岭速度的线索，尤其是当他们的推击线与你的相似时。同时，如果你参加的是四球比洞赛，那就要考虑将球击到相似的果岭区域，以利于协助同伴，每次推杆给自己两次机会。

3 击球过程中保持身体静止不动。多数推杆会因为过多的下身动作而失误。下身要保持稳定，那么击球就会稳定，你就可以做好准备并判读果岭。不要过早抬头去看球到达的位置。

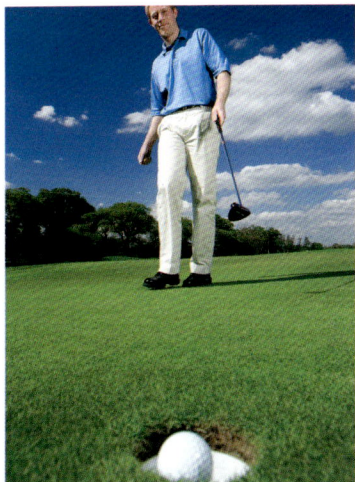

4 不要太在意自己的分数。别给自己施加压力，别去想一定要打破别人的纪录，一定要继续得分。单独去打每一个球，只去想此时此处所面临的挑战。推杆本身就已经很难应对了，何必再去附加一些没有必要的压力呢。

> **专家提示**
>
> 判断果岭速度时要考虑到天气的因素。球速会随着天气变化而发生改变，尤其是在晴天时。随着早晨露珠被风干，球速会变快，当太阳将地面烘干时，球速又会慢下来。

常规
练习

2003年发生了一件大事，泰格·伍兹不再是世界一号高尔夫球手了。维杰·辛格（Vijay Singh）代替了他的位置。维杰·辛格不断的胜利使他迅速攀升至2003年和2004年美国职业高尔夫球赛奖金榜的榜首。而这一成绩的取得源于维杰那惊人而又坚持不懈的练习。

Vijay Singh
维杰·辛格

国籍：斐济
生于：1963年2月22日
辉煌战绩：
美国高尔夫大师赛冠军 2000
美国职业高尔夫球锦标赛冠军 1998、2004

维杰·辛格来自太平洋上的斐济岛，他作为一位俱乐部职业球员参加了亚洲巡回赛，从而为人所知。他的个人能力很强，而且已经通过不断的练习和培养使自己的潜能最大化。然而专一的练习和比赛的胜利并没有使他成为巡回赛上最受欢迎的球手。他经营着自己的公司，偶尔也会暴躁无礼。维杰是一位大力、控制力好的球手，有时也会在果岭上遭遇困难。如果他的推杆发挥正常，那将无人可敌，但是当他在果岭上遇到麻烦时，他就会和普通球员一样。2004年，维杰成为第六位在一个赛季中9次获得美国职业高尔夫锦标赛冠军的球员，而且奖金总额超过1千万美元。

如何进行物有所值的练习

维杰·辛格总是试图提高自身的某一方面。无论是赛前还是赛后他都要进行练习。有时看来似乎很难对他的两段练习时期进行区分。但是，他练得越多，打得就越好。对比赛的各个方面进行练习是快速提高成绩的关键。

让每次练习都有意义

当在球场击球时一定要有个目的。练习的目的是技术练习、实战练习还是培养挥杆意识？应该总有一件吧——而且应该只有一件——在你的头脑中。绝不能毫无目的地击球，所以要想想为什么做这项练习？

量体裁衣的练习

制定一套适合自己的常规练习。维杰会花上几个小时进行练习，直到他感觉疲倦为止。科林·蒙格马利（Colin Montgomerie）就很少练习，他宁愿把球场当作热身。他已经8次在欧巡赛排行榜上位居榜首。

习惯，习惯，习惯

无论想要提高哪一方面的技能，你可以操练的一件事就是挥杆前的准备动作，它能帮你缓解压力。你在球场上的每次击球都要有个挥杆前的准备动作，这样它就会成为你的第二天性。

练习推杆

每个球洞都会用到推杆，所以你要确保自己花上几个小时在果岭上进行练习，因为这是你能够迅速提高成绩的环节。它可能看起来并不那么令人兴奋或有趣，但还是应该均匀分配在果岭和练习场的时间。

专家提示

在练习中寻找乐趣吧。高尔夫是一种习惯，一种游戏，也是一种快乐。和朋友一起到练球场去，进行一场小型比赛，如果你是一个人练习，那就想象是一场比赛。如果感到厌倦了，那就停下来，否则，因为厌恶而影响到你的技术，那就没有意义了。

练球场上的练习

Greg Norman

葛瑞·诺曼

国籍: 澳大利亚
生于: 1955年2月10日
辉煌战绩:
英国公开赛冠军　1986、1993
美国高尔夫大师赛亚军　1986、
1987、1996
美国公开赛亚军　1984、1995
美国职业高尔夫球赛亚军　1986、
1993

葛瑞·诺曼凭借打高尔夫赚得了上百万的美金，但是他现在将更多的精力放在了财政投资和造船上。他的"大白鲨"企业容纳了高尔夫球场设计、亮丽的服装、葡萄酒、草皮、餐馆以及网络——只要你能想到的，葛瑞可能都已经投资了。他在商业上所倾注的精力绝不亚于他在练球场上的付出，这使得他成为一位强悍而又会挣钱的人。虽然葛瑞从20世纪初就再也没有出现在高水平球员的名单上，但是我们仍然能感觉到，一旦情况需要，他还是会回到高尔夫球场，像以往那样竞争。他确实在2003年的公开锦标赛上进入了前20名，但他现在每个赛季只参加很少的赛事，可能推杆总数加起来也就一局。

如何效仿葛瑞在练球场的练习

就像葛瑞所说："现在就做，恰当地做。我当然不会害怕把指甲弄脏，也不会害怕独自去面对一项任务，就是要做。"下面是葛瑞提出的在练球场上的四项建议。

1 "用左肘开始挥杆"，这是诺曼关于在练球场上打球的一项具体建议。这就确保你的手臂和肩部一起离开球身，球杆开始直接朝着目标线击球。以这样简单的思维来打球就是一种很好的练习。

2 使你的右前兜尽可能转向身后——尤其是在顶风击球时。这是全力上杆时所需要的，臀部的转动幅度应为肩部转动幅度的一半，这会使得挥杆盘绕最大化，从而产生力量。以这种想法进行练习会增加开球的距离。

　　葛瑞·诺曼是高尔夫球坛最勤奋的职业球员之一。他不仅仅是一位极具天赋的击球手，而且还经常花上几个小时进行练习，以便最大发挥自己的能力。他给人们留下的印象可能更多定格在第二名，但是他与冠军的距离绝不是因为他缺少练习造成的。

3 在准备热身时，要不断变化使用的球杆组合，要用上背包里一半的球杆。某天你可能会从沙坑挖起杆开始，然后用8号铁杆和6号铁杆。另一天你可以从劈起杆开始，然后是9号铁杆和5号铁杆。最后，你就会爱上背包里的每一个球杆。

4 打完一轮18洞之后，拿一桶球到练球场上练习击打，因为你刚刚热身，可以再练习练习某些你在本局中做得不太好的具体动作。多数职业高尔夫球员在一局比赛之后都会到练球场来，这也是业余球员应该做的。

专家提示

　　练习并不会创造完美，但是练习会使你保持良好的状态。到练球场之前，核查一下自己要使用的具体技巧对挥杆来讲是否适用且有益。如果你操练错误，那就会使一些错误的技巧难以去除，反而越打越糟糕，尽管你已经在球场花了好几个小时。而且要想改正就要花费更多的时间。

最好的
练习技巧

雷·佛罗伊德（Ray Floyd）的职业生涯之长可谓惊人。他丰富的经历转化为一种知识财富，是近四十年来唯一一位能与桑姆·史立德（Sam Snead）在美国职业高尔夫球赛上的成绩相媲美的球员。每当雷谈话时，其他高尔夫球员就会倾听。为了取得这一切成就，他已经花了很多个小时在练球场——也许比他之前所有球员花费的时间都多。

Ray Floyd
雷·佛罗伊德

国籍：美国
生于：1942年9月4日
辉煌战绩：
美国高尔夫大师赛冠军　1976
美国公开赛冠军　1986
莱德杯高尔夫球赛　1969、
1975、1977、1981、1985、
1989（不参加比赛的队长）、
1991、1993

雷·佛罗伊德是职业生涯最长久的高尔夫球员之一。1986年，20岁的他获得了美国公开赛冠军，在获此殊荣的球员中年龄排在第四位。雷已经获得了62次职业冠军称号，是1992年在同一赛季赢得正规和常青巡回赛的唯一一位球员。他也是唯一一位被从常青赛中挑选出来参加莱德杯球赛（1993年）的球员，而且是在他担任非参赛队长的四年之后。虽然雷在上杆顶点会有抽筋和明显的高飞球弧线，但是他已经努力使挥杆奏效，并最终获得了1700多万美元的奖金。自从2004年锦标赛被淘汰之后，这位一直深受人们喜爱的球员就专心致力于高尔夫球场设计。

怎样练习才能延长高尔夫运动的生涯

在学习如何进行最佳练习时，雷·佛罗伊德在竞争和准备方面的经历以及他挥杆的独特性是非常有益的。他的方法就是强调学习的重要性，从打球和练习中积累信息，这会有助于你成为一位优雅的球员，并且最大限度发挥你的天赋。

打出最佳

要同比自己好的球员一起打球。雷说："我在早些年的巡回赛中失败过很多次，但是每次失败都是学习过程的一部分。通过观看有经验的球员打球，以及向他们学习，你就会消化那些信息，并且使它们在自己的比赛中派上用场。"

安全打球

在练球场上进行安全打，就是能够保证你安全的击球。当球道看起来很窄、树林很茂密的时候，就使用这种打法，使球不会变成死球。虽然它并不是最漂亮最长距离的击球，但是雷提倡使用这种球场上的武器，它要求同时使用3号木杆或4号铁杆，并放低握杆。

无懈可击的打法

确保你的挥杆动作具有可重复性和连贯性。雷的挥杆就自然流畅。如果有哪位教练曾经尝试改变这种方法，那么雷可能就不会在巡回赛上赚得奖金了。雷的挥杆已经经受了时间的考验，而且要比任何一位球员的挥杆更加经久耐用。

坚持不懈的练习

试着双脚合拢进行击球。这种练习会帮助你保持平衡，防止你的下身动作过多，增强节奏感，并有助于击球。从7号铁杆开始，找到你能使用的最长球杆。这种技巧需要时间的累积，一旦你掌握要领，这将是一项很好的练习方法。

专家提示

最大限度地利用你的练习时间，并带一个记事本和铅笔到练球场去。只要你有不错的感觉或是挥杆想法，就简要地记下来，你的感觉或者想法是什么。然后练习这些好的、有把握的动作。如果你的技巧开始出现下滑，那就拿出记事本来提醒一下自己。

推杆
练习

亨利·科顿爵士（Sir Henry Cotton）是第二次世界大战期间最著名的英国高尔夫球员。他以其在练球场的勤奋努力而著称，他经常打球至两手擦伤出血为止。他拥有乡村庄园和一辆劳斯莱斯，他非常喜爱鱼子酱、香槟酒和定做的衣服。亨利·科顿将高尔夫运动引入了繁盛阶段，他曾经说："最好的对我来说就足够好了。"

Sir Henry Cotton
亨利·科顿爵士

国籍：英国
生于：1907年1月26日
卒于：1987年12月22日
辉煌战绩：
英国公开赛冠军　1934、1937、1948
莱德杯高尔夫球赛　1929、1937、1947（队长）、1953（非参赛队长）

亨利·科顿爵士多数参加的是在英国举行的比赛，共赢得了3次公开锦标赛的冠军，并于1977年完成了他的最后一个公开赛，此时距离他1927年首次参赛已有50年之久。1937年，他在加入莱德杯期间，又赢得了英国公开赛的冠军，从而获取了第二个冠军头衔。由于二战的爆发，在他运动生涯的黄金时期，他只参加过一次美国公开赛。亨利·科顿在晚年撰写了一些指导书，进行球场设计，并创立了"高尔夫基金会"——一个帮助孩子们参与体育运动的慈善组织。1987年，在他逝世的前几天，被授予爵士称号。

如何进行推杆练习

作为一位职业球员，亨利·科顿爵士的高密度练习帮他赢得了人们的尊重，并且使他成为当时最好的球员之一。亨利先生曾说："推杆最大的秘诀并不在于方法，而在于对紧张情绪的控制。"同时，根据亨利所说："要认真对待每个击球。1米（3英尺）的推杆就像275米（300码）的击球一样重要。"

握杆问题

如果你在果岭上感到有压力，那就在推杆之前深吸一口气，以降低你的脉搏率。然后有意识地减轻推杆握杆的力量。这会瞬间缓解肌肉的紧张程度。

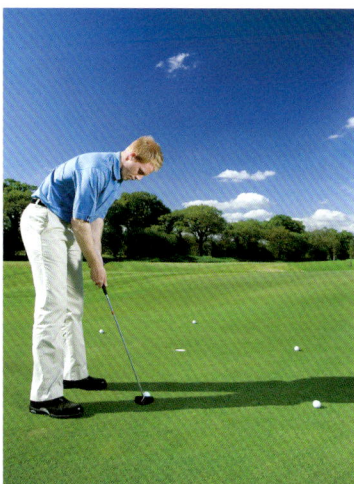

减压练习

要练习在压力之下进行推杆。将12个球放于距球洞60厘米（2英尺）的地方。试着将每个球都击入洞穴。将这些球连续击入球洞之后，再将它们取出放于30厘米（1英尺）的地方。如果没击中，就得重新再来，直到击中3个球才能停下来。

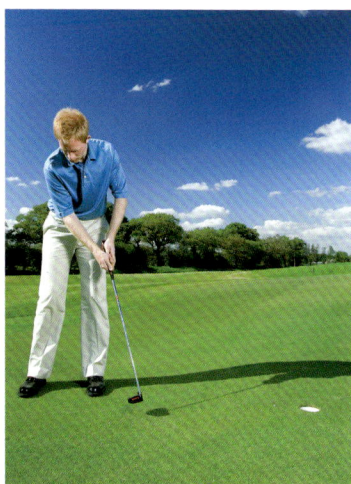

加速击球

确保击球时要加速，以利于短推杆，送杆的长度要达到上杆的两倍。这会强迫你在击球时加速，也就意味着你可以直接瞄向球洞，不必担心果岭弯曲度，除非弯曲度很严重。

声音关系着成败

短推杆击球过程中身体要保持完全静止，试着去听球撞击球洞底部的声音——你就会为自己到底听到了多少次声音而感到惊讶。球击出之后不要去看它。多数短推杆击球不中的原因是你过于紧张而没有看清球的滚动方向，所以击球时下身移动就会过快。

专家提示

绝不要期望保送（一种让步式推杆），也绝不要接受它——被让步的推杆应该是很容易击入的，所以，击球入洞对你来说就不成问题，对吧？保送是比洞赛中常见的一种练习形式，在适当时机对手会拒绝让步推杆，而保送只是一种策略。所以，要一直认真地击球入洞。

长推杆练习

Byron Nelson
拜伦·纳尔逊

国籍：美国
生于：1912年2月4日

辉煌战绩：
美国公开赛冠军　1939
美国高尔夫球大师赛冠军　1937、1942
美国职业高尔夫球锦标赛　1940、1945
莱德杯高尔夫球赛　1965（非参赛队长）

虽然拜伦·纳尔逊早在1955年就因健康问题而退役，但他仍然是高尔夫运动史上的一位伟人。他的疾病也使他免于被派往二战的战场。20世纪40年代，他从所参与的113项比赛中获得了丰厚的奖金，这也就意味着在每项个人赛中他都位于前20名。他在1944年和1945年位于美国奖金榜榜首，1945年连续赢得11次冠军。拜伦自退役后就成为了一名广受欢迎和尊重的高尔夫评论员，甚至在1965年担任莱德杯球赛的队长职务。每年他都主持美国职业锦标赛中最大一场比赛，还有拜伦·纳尔逊精英赛。1933年，他还出版了个人传记《我是怎样打高尔夫的》。

在果岭上如何保持击球的连贯性

长推杆时，速度就是一切——就是你需要判断的一切。拜伦·纳尔逊（Byron Nelson）无论在果岭上还是在果岭外都很少出现失误。要想保持击球的连贯性，在每次踏上果岭时你都必须以二推击为目标（最低的）。下面的建议就是有关推杆速度的练习。

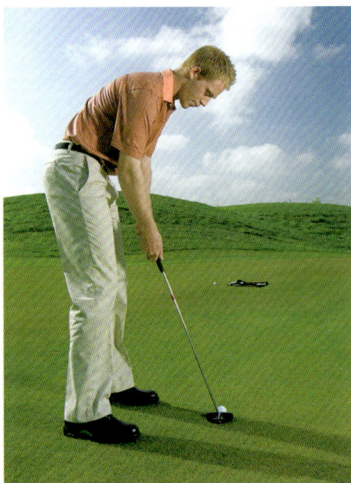

1 以果岭上的某一区域为目标，在目标区域上放置一包毛巾或是一个钉形球座。不要过于在意推杆线。如果你的速度很精确的话，那就绝不会离球洞太远。要以比球洞更大的范围为击球目标，这样你的感觉就会增强，因为你无须太担心果岭弯曲度。

2 用上杆的长度来控制推杆的速度。来到果岭上，弄清每个上杆的长度会将推杆击出多远的距离。将这些情况纪录下来，然后有意识地进行击球，并要精确地控制节奏和速度。当使用长推杆时，你要做的一切就是回忆正确的上杆动作。

拜伦·纳尔逊（Byron Nelson）是最稳健的高尔夫球员之一。虽然他赢得了5次大满贯，但是人们更关注的则是他在美国职业高尔夫球巡回赛上一贯优秀的表现。像1939年的西部公开赛上，72个球洞中他没有错过任何一个球道落点，从而成功卫冕。在果岭上的连贯性也是他成功的关键——他很少出现三推击。

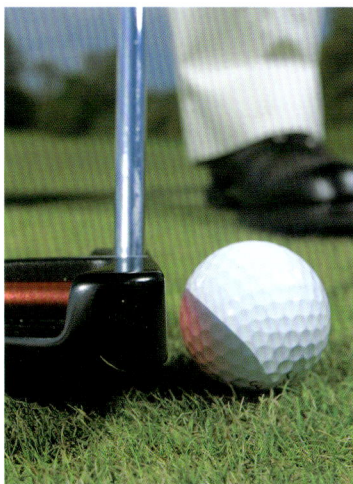

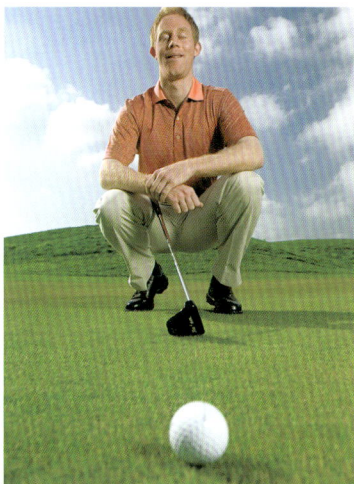

专家提示

使用长推杆时，想一想自己需要做些什么。对自己说："将这个击入球洞"，或者"让我们击球入洞吧"。积极的想法就会引导积极的击球。告诉自己："让我们在果岭上击入这一球吧。"如果对自己说"不要三推击"，那就无可救药了，因为你满脑子都在想三推击。

3 瞄球时要将推杆悬浮，以确保长距离飞行中球的平稳性，而且要专注于球本身而不仅仅是击打。这会避免击球失误或者打滚球。像这样进行击球练习，并感受移动的自由。推杆时不要将推杆头置于草地，这样你的击球就会很流畅。

4 如果你发现自己正在努力掌控长推杆，那就要相信自己的技巧，确保心无杂念。如果你过于在意击球距离的话，你就失去击球时所有自然的感觉和本能。随着你对高尔夫运动的了解，你就会发现它更加有难度。尽可能确保技巧的良好反应性，用你的感觉来完成击球动作。

起扑球的练习

塞弗·巴雷斯特罗斯（Seve Ballesteros）是欧洲高尔夫球员中最具代表性的人物，他以其非凡的魄力、超凡的能量以及特有的风格独自统领着欧洲巡回赛，而此赛事是职业球员赖以生存的根基。塞弗是以自己名字命名赛事的为数不多的球员之一。塞弗杯比赛就是在大不列颠及爱尔兰队与欧洲大陆队之间展开的两年一度的团体锦标赛。2002年，在爱尔兰的德鲁伊兹峡谷，塞弗在个人赛中以短击打败了科林·蒙格马利（Colin Montgomerie）。他错过了很多球道落点和果岭，但是每次都是两杆进洞，从而最终以2∶1的比分战胜了愤怒的蒙格马利。

Seve Ballesteros
塞弗·巴雷斯特罗斯

国籍：西班牙
生于：1957年4月9日
辉煌战绩：英国公开赛冠军　1979、1984、1988
美国高尔夫大师赛冠军　1980、1983
莱德杯高尔夫球赛　1979、1983、1985、1987、1989、1991、1993、1995、1997（任队长）

塞弗·巴雷斯特罗斯显著的触球动作以及在果岭附近的击球能力来自于他学习高尔夫的方式。当时他只有3个铁杆可用，所以他培养了各种各样不可思议而又非常精彩的击球入洞的方法。他还经常在海滩上用球杆进行几小时的练习，这不仅完善了他的沙坑球，而且还对击球很有帮助。除了5次大满贯之外，塞弗还6次赢得了欧洲巡回赛排行榜冠军和5次世界比洞赛冠军。他在莱德杯球赛上与同伴欧拉查宝组成了一个强大而又成功的组合。如今，塞弗正在忙于高尔夫球场设计和赛事的组织。

如何遵从塞弗有关短击练习的建议

　　塞弗·巴雷斯特罗斯仍然能够以其精湛的触球和果岭附近的技巧而征服观众。每年他都进行很多高尔夫的示范和教学活动，虽然他的全力挥杆已不如从前，但是他的短击确实是完好无损。从起扑球的掌握过程中你可以学到一些知识。

1 在果岭附近尽可能地练习在不同的球位击球，并在这些情形下进行你所能想象到的不同类型的击球。当判断在果岭附近采用何种击球方式时，其最重要的因素就是球位，而且这一常规性判断会扩大你的选择范围。

2 向下一些握杆，以便于增强感受，从而更加接近旗杆。从塞弗那里学到另一项简单的技巧就是打起扑球时，精力要集中于左侧肘部。起扑球击球过程中要牢牢地握住球杆。肘部朝向球洞击球，以助于保持杆面垂直。

3 让身体和手腕掌控并感受击球，并使击球动作更加具有艺术性和流畅性；不要像传统球杆的使用技巧那样过于科学化。世界最顶级的一位教练吉姆·麦科林（Jim Mclean）注意到塞弗和其他顶级起扑球球手对他们的身体、腿部和手腕的使用程度要超过通常教练所提倡的。

4 在海滩或是远离硬沙的地方进行起扑球练习。这就是塞弗学会的打法，也是一种既有助于沙坑击球又有利于提高击球能力的好方法。

专家提示

　　如果你刚刚开始打高尔夫球，那就要在认真练习全力挥杆之前投入大量的时间完善自己的起扑球和推杆技巧。塞弗·巴雷斯特罗斯和欧拉查宝就是在应对长时间比赛之前学会了起扑球和推杆的。这种方法也突出了短击的重要性。

沙坑
练习

要想赢得世界范围内的166项锦标赛，你就得成为一位优秀的沙坑击球手。如果你是世界最顶级的沙坑击球手，那就可以对多数的近距离切球都无所畏惧了。加利·普莱尔（Gary Player）就是如此，但是他的出色还有一个原因：练习。

完善
沙坑击球

加利·普莱尔（Gary Player）总是乐于传授一些建议和提示。当那些厌倦了他的神奇沙坑逃离术的人们讥难说他是他们所见过的最幸运的高尔夫球员时，加利的回答成为了二战以来最著名的体育名言："很有趣，我练习得越多，我就越幸运。"这句话也成为了他一生的座右铭。同时，加利还以"十条戒律"来规范自己的一生。其中两条看来对于沙坑击球尤为适合："坚持不懈和常识要比智力更重要。"（也就是说，你不必非常具有天赋——你可以通过努力锻炼来获取成功）；还有"要一直相信本能，尽管你说不清原因。"（也就是说，让你的自然感觉和触感在果岭附近占据主导——不要过度分析或过于科学化）。

如何遵从加利的沙坑练习

加利·普莱尔提倡在比赛中要努力进取，尤其是在沙坑处。沙坑练习能够磨炼你的技巧，还能使你在沙坑中度过更加愉快的一小时。下面的一些练习将会提高你的沙坑击球，增强你应对这些障碍的自信心。

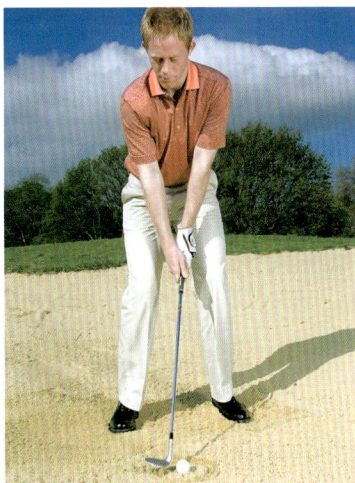

在沙子上画圈

1 将球放于沙子上，围着它画一个小圈，直径大约15厘米（6英尺）。然后，像普通沙坑击球一样进行瞄球，采用开放的站姿，杆面直接指向目标，双脚陷入沙中。

2 挥杆时，要试着击打刚刚画过的小圈；不要单纯地将注意力集中在球本身上。在良好球位进行得体的沙坑击球，绝没有必要接触球身。你只需简单地将那一圈沙子击出沙坑，球就会随之漂浮而出。这项操练有助于你建立自信心。

直线操练

1 将六个球放于一条线上，确保它们之间有足够的空间可以用来击球。用沙坑耙在这些球后画一条线，使球与线之间有5厘米（2英寸）的距离。

2 通过击打球后面的沙线，将最近的球击出沙坑。沿着此线将所有的球都击出沙坑，就凭借本能、自然的节奏以及这条沙线来成功逃离障碍。

> **专家提示**
>
> 要充分利用背包里所有的球杆。沙坑杆是经过特殊设计的，运用恰当的技巧使用沙坑杆能帮助你逃离沙坑。它们有特殊的圆形底部，有助于挖出沙子和小球。所以要练习沙坑杆的使用技巧，不要使用9号铁杆或是劈起杆来进行沙坑逃离。

练习
有难度的击球

劳拉·戴维斯（Laura Davies）是欧洲女子高尔夫球坛最显赫的人物之一。自从1985年转为职业球员以来，她已经积攒了300多万美元奖金，并在大西洋两岸的比赛中打破了无数的纪录。但是她那绚丽、高风险的风格有时会在球场上引来麻烦。

Laura Davies
劳拉·戴维斯

国籍： 英国
生于： 1963年10月5日
辉煌战绩：
美国女子公开赛冠军　1987
美国女子职业高尔夫球锦标赛冠军　1994
du Maurier精英赛冠军　1996
索尔海姆杯高尔夫球赛冠军　1990、1992、1994、1996、1998、2000、2002、2003、2005

劳拉·戴维斯拥有高质量的挥杆和高质量的生活。她喜欢开跑车、踢足球，还有在高尔夫果岭上制造惊人的击球。1985年，她在欧洲女子高尔夫巡回赛上获得了第一个锦标赛冠军头衔，接下来的一年又摘夺四项赛事的桂冠，并于1987年问鼎她的首个大满贯——美国女子公开锦标赛冠军。1994年，劳拉成为了所有高尔夫球员（男球员和女球员）中首位在一年中赢得五项不同巡回赛冠军的球手，而且自从首次参加索尔海姆杯球赛以来，她每年都出席此项比赛。除了最后15赛季的那两次，劳拉在欧洲女子高尔夫巡回赛奖牌榜一直名列前十位，而且她从未被美国女子职业高尔夫巡回赛的巨额奖金所诱惑。许多人相信没有劳拉的影响，欧洲女子高尔夫巡回赛将会步履艰难，甚至永远消失。

像劳拉一起排除故障

劳拉·戴维斯在她一生中可能没有上过很多高尔夫课程，但是她却在练球场上花费了大量的时间。并不是只有那些常见的击球操练才是必要的，尤其是当你偶尔要进行暴击的时候，劳拉同样会进行棘手难缠的击球练习，以便为可能发生的突发状况做好准备。

征服山坡

在练球场上找一块有坡度的地方，进行击球练习。要针对具体情况运用最好的技巧，无论是上坡还是下坡，无论是球位于双脚之上还是双脚之下。观察球在不同情形的反应，并且要习惯于不同的击球方式。你的自信心很快就会增强。

设置不同情形

在某球洞处选定一块凸凹不平的地面，将12个球高吊击入到空中，使其随意散落。一些会落于松软的球位上，一些会埋入草丛。将这些球击打到附近的果岭上，观察每个球是如何从特定球位飞行出去以及当它们碰触推杆表面时的反应。

可怕的沙坑击球

将一些球埋入沙坑中，给自己设置一些难缠的、半埋式的球位。逃离半埋球位的最好方法就是使用边缘锋利的球杆——劈起杆或是9号铁杆——杆面闭合，然后向下劈入沙坑的底部，从而将球从沙中挖出。要进行有力、积极的击球，击球时不要持杆或是担心送杆。

练习应对危机

在灌木丛中进行同样的练习。将6只球扔进没有过多矮树的森林区域。找到每只球所在位置，看看可以运用哪种最好的击球方式。可以是左手击球，你可能得使用推杆，或者是在一棵树的附近进行扣腕左曲球。

> **专家提示**
>
> 在草场练习即将结束的时候，将12个球置于你已经设定好的草皮上，将它们击打出去。你无法总是在球道中间找到完美的球位，所以要做好最坏的打算。

The Golf Doctor
First aid for your game

高尔夫实用技巧
对症图解

（英）爱德华·克雷格 著
郭威 译

辽宁科学技术出版社

高尔夫实用技巧
对症图解

你是否曾经发出左曲球？在距离洞口1米处推杆失误？或者用3号铁杆打出仅仅10米的剃头球？

无论你的水平如何，在一轮比赛中总会不经意的出现各种各样的问题。如此的灰心沮丧会使你打球的兴趣荡然无存，信心受到严重的挫伤。这时，你需要的就是能够应对所有高尔夫症状的快速治疗方案。

《高尔夫实用技巧对症图解》将为你提供球场问题急救方法，使你获得解决任何问题的快速解决方式。此外，本书还为你奉上使你长期受益的练习窍门。你只需要找到自己的问题所在，然后遵循本书的指导方法进行练习，就可以很快得到改进，让你的比赛重获生机。

ISBN 978-7-5381-5485-6
开本：195×260mm
页数：128页
定价：68.00元

The Golf Doctor
First aid for your game

周末学打高尔夫

ISBN 978-7-5381-5486-3
开本：260×194mm
页数：128页
定价：68.00元

你是不是总有想打高尔夫球的冲动，但却总是被看上去很难的技术而吓倒？《周末学打高尔夫》这本书将用仅仅两天的时间就能让你变成一个真正的高尔夫球手。

让你跟随清晰的、循序渐进的介绍来学习如何击球、打起扑球和推杆。

简单的、浅显易懂的讲解和详细的图解向你展示如何进行有效的练习以及如何才能在每个方面都达到高手的水平。

（英）爱德华·克雷格 著

葛 莉 译

辽宁科学技术出版社

LEARN TO PLAY GOLF IN A WEEKEND